MW01235798

Reyita,

sencillamente

Barbara

Con mucho
amor como recuerdo
de este encuentro
soñado... "estar jun-
tas en Haití".

Para practiques espa-
ñol con un libro que
hasla de una mujer y
los ansestros.

Un abrazo
Noema
Oct 98 /Haití

Reyita,

sencillamente

(Testimonio de una negra cubana nonagenaria)

Daisy Rubiera Castillo

La Habana, junio de 1996

Edición: *Pilar Sa*
Corrección: *Mabel Santos*
Diseño: *Arais Drake*
Fotos: *Jorge Valiente y colección familiar de Reyita*

© Daisy Rubiera Castillo. 1997
© Sobre la presente edición: Prolibros, 1997
© World Data Research Center, 1997

ISBN: 959-7092-10-7

Instituto Cubano del Libro
PROLIBROS
Palacio del Segundo Cabo
O´Relly No. 4 esquina a Tacón
Ciudad de la Habana, Cuba

World Data Research Center
Calle E No. 158, 4to Piso, esquina a 9na
Plaza de la Revolución, La Habana, Cuba

Sólo cuando dispones de aliento, calor, mano amiga que se tiende e intelecto solidario al que puedes acudir, se hace posible vencer escollos y expresar sentimientos.

Para mí, aliento, calor, mano e intelecto tienen muchos nombres. Algunos son: Roberto Fernández Retamar, Aníbal Argüelles, Alberto Pedro, Georgina Herrera, Sonnia Moro.

A estos y a los no nombrados, gracias

Algo para empezar

Reyita, sencillamente... porque en Reyita cuajan el espíritu y la síntesis de un tiempo y el tiempo de vivir de una mujer que se empina desde su ser raicilla en la pobreza y en los relegamientos de su raza y de su género, para crecer ininterrumpidamente.

No son las suyas cúspides de fama o de popularidad, sino plenitudes reveladoras de una ética y de un sentido profundo de la autoestima, que la convierten en llama y en camino.

Reyita es ella como sumatoria de rebeldías, empeños, audacias y perseverancia que hicieron a muchas mujeres de este siglo cubano encarar convencionalismos e ir cimentando para sí y para las demás trillos de victorias.

Su vida no es única ni diferente; lo que la hace excepcional es la convergencia en su existir de los desafíos que nutrieron muchos otros existires femeninos, y el valor de haberlos enfrentado todos, con su solo pecho, con su coraje solo.

Hay siempre en Reyita un proyecto, una intención, un sitio en el futuro. Ese es su impulso, su fuerza, la valía de sus testimonios más íntimos.

Reyita es ella y es nosotras desde los desacatos de niña que la llevan a dormir, sin miedo, a cielo abierto; hasta los ardores de una adolescente que le descubren su propia sexualidad.

Ella se orienta a tomar —no ser tomada— al hombre como pareja pero también como vía para otras realizaciones, obligada como está a rebasar los límites del color de su piel, la escualidez de su economía personal y sus fronteras de mujer.

Se multiplica en los quehaceres y en la fantasía; rebusca y encuentra dobleces de encanto en los pliegues de la cultura que está a su alcance. Estudia, enseña y lee; invoca a los saberes del más allá y estos le tributan sabiduría. Se da y la da, desprejuiciadamente.

Prodiga las tibiezas de su leche y de su ser madre no sólo a los hijos que quiso blancos, para que sufrieran menos, sino también a otros: a los malqueridos, a los engendros casuales de amores fortuitos o prohibidos.

Ella identificó —tan temprano— las causales clasistas y discriminatorias de la prostitución. Vio a las víctimas, no a las rameras. Reconoció en los hombres de moña y vestido carnavalesco el derecho de la gente a escoger y expresar sus preferencias en el placer. Y respetó todo eso desde una verdadera comprensión y un ejercicio superior de humanidad.

Cada vez que se aproximó a alguna forma de política lo hizo con sus razones más auténticas. Su brújula funcionó siempre en la dirección que traían su siglo y su patria. Encuentra en la revolución triunfante sus glorias y sus tristezas, sus pérdidas emocionales más entrañables y las ganancias de una realidad que, como sueño, había movilizado desde antes sus afanes y sus pensamientos.

La estructura coloquial del libro que Daisy Rubiera consigue armar a partir de las intimidades narradas por su propia madre, arrastra al lector o a la lectora hasta la sonrisa o el nudo en la garganta con los altibajos de un crecimiento individual que se produce en Reyita por entre una madeja apretada de avatares, simbólicos todos de un siglo que se empina sobre sus propias miserias y una nación que avanza hacia su legitimidad, legitimándose.

Estas páginas están hechas para escucharlas al oído, en voz pausada, a medio tono. Para leerlas en un espacio muy personal, de modo que los matices puedan degustarse sin prisa, pesquisar cada quien en lo que Reyita dice mucho de lo que calla; y en lo que cuenta algunos trozos de lo que no quiso contar.

Cierto que las investigadoras Sonnia Moro[*] y Daisy Rubiera le arrebatan una parte de los ocultamientos. Pero las ensoñaciones que Reyita teje con su colorida oralidad emergen impecables y se pasean por las calles de Bayamo y de Santiago, en aquel engañoso camión del carnaval con que el padre quiso tomarle el pelo a la familia entera. Revancha pírrica frente a una mujer cuya estatura siempre lo rebasó.

El solar de Chicharrones toca su rumba desde aquí, repiquetean las cutaras frente a los altares que Reyita adornó, y un dolor de piernas tensas que ascienden y ascienden por las lomas de la ciudad va apropiándose, despacio y en silencio, de quien penetre en este modo de decir que ha sido, durante noventa y cinco años, una manera muy propia de hacer: la de Reyita, sencillamente...

Mirta Rodríguez Calderón

---

[*]   Sonnia Moro: Coordinadora del Proyecto «Reyita» (libro y video). Amiga, colega e incansable colaboradora de la autora. Su ayuda fue de mucho valor para la realización de esta obra.

A Reyita,

cuya sola presencia reúne,

cedo la palabra

Capítulo 1

Hasta el mimbre que te mece
todos los recuerdos juntos
vienen pesares difuntos,
dichas, ideas; palidece
el día que vives, crece
el mar en tus ojos, cuando
soles y lunas, girando
*regresan por la memoria**

---

*   Todos los poemas que encabezan los capítulos son de la
escritora Georgina Herrera.

Reyita a lo cincuenta años

Blanco mi pelo, negra mi piel: ¿Quién soy?

Yo soy Reyita, una persona común y corriente. Una persona natural, respetuosa, servicial, honrada, cariñosa y muy independiente. Para mi mamá fue una desgracia que yo fuera —de sus cuatro hijas— la única negra. Siempre sentí la diferencia que hubo entre nosotras; porque el afecto y el cariño de ella hacia mí no era igual al que sentía por mis hermanas. Me corregía en mala forma, a cada rato me decía: «La negra esta, la 'jocicúa'* esta.» Siempre me sentí desairada por ella.

Yo fui víctima de una terrible discriminación por parte de mi mamá. Pero si a eso se suma la que había en Cuba, se podrá entender por qué nunca quise un marido negro. Yo tenía una razón importante, que lo explica todo ¿sabes? No quería tener hijos negros como yo, para que nadie me los malmirara, para que nadie me los vejara, me los humillara. ¡Ay, sólo Dios sabe...! No quise que los hijos que tuviera sufrieran lo que sufrí yo. Por eso quise adelantar la raza, por eso me casé con un blanco.

Tuve una etapa en que padecí mucho el Día de Reyes. Era muy triste para los pobres hacerles creer a sus hijos en la existencia de los Reyes Magos, y no poder —aunque fueran buenos y se portaran bien— complacerlos con lo que pedían en las carticas que hacían. También resultaba muy triste quitarles aquella ilusión. ¡Con cuánto amor ponían las yerbitas, el agua, los dulces, al lado de sus zapaticos, dentro de los que dejaban sus carticas! Yo

---

* Hocicuda (en el sentido de labios abultados; peyorativo).

no podía aguantar los deseos de llorar al ver sus caritas tristes, decepcionados porque lo que encontraban en nada se parecía a lo que habían pedido.

Sufrí mucho el Día de Reyes; y con más razón porque ese es el día de mi cumpleaños: nací un 6 de enero, el de 1902, por eso me pusieron María de los Reyes. Eso fue en «El Desengaño», una finca que estaba en las afueras del poblado de La Maya, en la provincia de Oriente[1]. Mis apellidos debían ser Castillo Hechavarría[2], porque mi mamá tenía el apellido del amo de mi abuelita, quien, además, fue su padre. Pero todos sus hijos sentíamos tanto odio por aquella familia —que ni conocimos— que mi hermano Pepe decidió que nos lo cambiáramos y nos pusimos Bueno[3]. Aquello no resultó difícil: ninguno estábamos inscritos.

Hace un buen tiempo que el Día de Reyes está colmado de felicidad para mí. Mi casa se hace chiquita para recibir a mi familia, que viene a traerme alegría y a estimularme cuando digo que quiero vivir hasta el 6 de enero del 2002. Y qué hablar de los vecinos de la cuadra, que año tras año, el día 5 de enero a las doce de la noche, me traen una serenata y un cake y lo comemos entre todos. Sí, ¡a esa hora! Y nunca me ha hecho daño, porque bailamos y cantamos un ratico. Ahora me siento una mujer feliz el día de mi cumpleaños. Por eso he jurado morirme ese mismo día, cuando cumpla los 100 años.

La felicidad para mí en los primeros cincuenta o sesenta años de mi vida fue de raticos en raticos. Deja ver cómo hilvano las ideas para poder contarte todo aquello... Es como volverlo a vivir, es abrir de nuevo heridas que he querido mantener cerradas, aunque algunas noches me desvelo y todo me pasa por la mente como si fuera una película.

¡Mi abuelita voló!

De mis primeros años no se me han olvidado algunas cosas que fueron motivo de conversación entre mis mayores y que oía —con cuatro o cinco años— desde el patio o desde la cocina; porque en mi época los muchachos no podían estar sentados entre la gente grande mientras ellos conversaban. Aquellas cosas las recuerdo bien, por lo tristes y lo penosas que fueron.

A mi abuela Antonina todos le decían Tatica, y murió en 1917. Tenía una piel muy linda, no negra negra, sino de ese prieto que hay muy asentadito* . Era gorda y de mediana estatura; su cabello era bonito, se peinaba muy gracioso, partido al medio, y se hacía dos trenzas «alante» y dos atrás; entonces se las recogía a la altura de las orejas; tenía una bella dentadura. Le gustaban mucho los pañuelos de cabeza, pero sólo se los ponía para salir. Si hubieras visto qué linda se veía con sus faldas largas de vuelo, de lunares, de flores o de listas. Ella usaba chambras[†] y botas abrochadas a un lado. Tatica era muy chistosa, siempre tenía un chiste que hacer. A ella no le gustaba que me pegaran, constantemente estaba ocultando las maldades que yo hacía. En fin, era una abuelita que se mataba y que se desvivía por sus nietos. ¡Era muy buena mi abuelita!

Tatica contaba que su familia era de una aldea de un lugar llamado Cabinda[4], que eran de los Quicongos[5] que se dedicaban al cultivo de la mandioca[‡] y el café; también tejían con rafia. Los hombres de la aldea se dedicaban a fabricar canoas, tambores y diferentes utensilios de madera. Mi bisabuela materna se llamaba Sabina y tenía siete hijos: seis hembras y un varón.

En un atardecer, cuando la familia estaba en su casa después de haber terminado el trabajo en el campo y los niños jugaban, de pronto sintieron explosiones, gritos. Era que un grupo de hombres blancos, con armas de fue-

---

*   Tonalidad intermedia en el color de la piel entre las personas mulatas y las negras muy oscuras.

†   Blusa corta que usaban las mujeres sobre la camisa.

‡   Arbusto de la familia de las Euforbiáceas, conocido en Cuba como yuca y en México como guacamote.

go, atacaba la aldea, quemaba las casas y cogía a hombres y mujeres, mataba a niños y ancianos. Aquello fue una terrible carnicería. Mi bisabuela vio desaparecer a su hijo y a su marido; a las hembras trató de defenderlas como pudo, pero la golpearon y le llevaron a las tres mayores —Tatica, Casilda y Nestora—. Mi abuela nunca olvidaría los gritos de su madre, ni nunca pudo explicarse por qué no cargaron también con ella, pues no era tan vieja; tampoco supo si sobrevivió a todo aquello.

Después de tanto horror, vino la larga caminata hasta el vapor —como ella decía— lo que no logró determinar qué tiempo duró. Los amarraron unos a los otros, para que no pudieran escapar. Ella iba unida a Casilda; Nestora, un poco más atrás. En el camino les daban muchos golpes si caían por el cansancio o por la sed.

El barco en que las sacaron de Africa estaba atestado de hombres, mujeres y hasta niños; esos eran los menos,... Ella decía que fueron algunos que los blancos no pudieron arrancarles de los brazos a sus madres. Como venía tan lleno, se presentaron dificultades que Tatica no sabía cuáles eran, pero comenzaron a tirar hombres al agua, fundamentalmente a los más viejos, a los más endebles. ¡Qué abuso! Aquello solamente de oírlo daba deseos de llorar; y a uno todavía se le llenan los ojos de lágrimas y siente tremenda indignación, porque los tiraban vivos, sin compasión alguna.

Cuando llegaron a tierra, Tatica y mis tías no sabían en qué lugar estaban; mucho más tarde se enteraron que esto era Cuba. Las llevaron a un barracón donde les dieron comida y les tiraron mucha agua. Además, no entendía lo que decían los blancos; después comprendió que el agua era para limpiarlas un poco; y no por bondad, sino para que lucieran mejor en el lugar donde las iban a vender.

Nunca tuvo bien claro cómo fue que se las arreglaron las tres para permanecer unidas; y cuando hablaba de eso, daba gracias a una persona que yo no sabía quién era

—y que luego comprendí que era su Dios— porque a las tres las compró una misma persona de la familia Hechavarría. Triste espectáculo aquel —contaba mi abuela— cuando vendían por separado a los miembros de una familia: cómo gritaban madres e hijos y lo único que podían entender era que había que callarse para no recibir más golpes.

En la hacienda a que fueron llevadas las pusieron a trabajar muy duro en las tareas del campo. Cortar y recoger caña, desyerbar. También sacaban guarapo en los cunyayos* para que tomaran los amos y para hacer raspadura†. Los Hechavarría también compraron otros africanos, en total eran como quince o veinte en la finca. Entre ellos había uno joven y fuerte, que no era de la aldea de mi abuela. Se llamaba Basilio, y Tatica y él se enamoraron.

Vivieron juntos a escondidas, para que los amos no se enteraran. Aunque mi abuela no quería tener hijos —y para evitarlo tomaba cocimientos de hierbas y raíces— salió embarazada y tuvo una hija a la que pusieron Socorro y que tuvo que trabajar muy duro desde muy pequeña. Después nació mi mamá, que tuvo que laborar como una esclava en los quehaceres de la casa de los amos, aunque eso fue después de la *ley de vientres libres*[6].

Mi mamá no era hija de Basilio, sino de uno de los amos de mi abuela. Las esclavas no se podían revirar cuando los amos deseaban aprovecharse de ellas. Eso costaba cuero‡ y cepo. Eso era una inmoralidad de aquellos hombres: para una cosa las despreciaban, pero para vivir con ellas no les importaba el color.

Luego de la abolición de la esclavitud, Tatica se fue para un pequeño bohío que Basilio hizo, en un pedacito

---

*   Realmente cunyaya. Instrumento para exprimir el jugo de la caña o de la yuca.

†   Dulce de azúcar endurecida.

‡   Especie de látigo usado para azotar a los esclavos. Por extensión, castigo dado con él.

de tierra que le dieron. Y allí, pasando trabajo, arrancándole a la tierra lo necesario para vivir, nació su tercera hija, a la que le llamaron Nestora. Trabajaron muy duro. Con la incorporación de Basilio a la Guerra del 95[7], Tatica se fue junto con él para la manigua[†] .

Siempre la vi con gran celo con su cadena de oro, aunque también usaba unos collares de colores, que después supe que eran de la religión que profesaba. A Tatica no le gustaba el catolicismo; era muy supersticiosa y creía en la resurrección después de la muerte. Recuerdo las cosas que mi abuela contaba sobre los africanos que vivían fuera de su país. Decía que sus espíritus regresaban a sus tierras después de muertos. Yo no pude verla a ella muerta, porque no vivía en La Maya, pero recuerdo cuando la noticia llegó a Banes. ¡Lloré mucho! Pero cuando me calmé y cerré los ojos me pareció verla alzarse al cielo y volar entre las nubes, rumbo a su tierra natal, hacía su Africa querida, a la que nunca olvidó y a la que aprendí a querer por todas las historias que nos hacía.

Negros con negros

Ese amor que mi abuelita me inculcó por su tierra natal influyó mucho en mi determinación de incorporarme al movimiento de Marcus Garvey[8] —para irme para Africa—, cansada de ser discriminada por negra. En Cueto yo me colaba en la casa de Molvaina Grand, *miss* Molly, en unas reuniones que ella y su esposo, Charles Clark, daban los domingos. Ellos dirigían esa organización y a mí me gustaba mucho conversar con ellos. Yo era muy inquieta —adolescente al fin— y siempre me gustaba estar en algo. Los jamaicanos tenían mucho embullo con eso de irse para Africa. Después de varias reuniones, ya yo tenía el mismo o más entusiasmo que ellos y me metí de lleno

---

†   Monte, terreno inculto. «Irse para la manigua» significaba incorporarse a los insurgentes contra la dominación española.

en el movimiento. Estábamos seguros de que allí las cosas serían diferentes: negros con negros ¡tenía que ser diferente! Ibamos a ser una gran familia y, sobre todo, sin discriminación racial.

Miss Molly se dedicaba a lavar y a planchar pago, pero sólo camisas blancas de cuello duro; y, además, hacía unos dulces muy ricos para vender: yemitas de coco y otros que se llamaban *cocoanut.* Las yemitas de coco se preparaban con coco rallado y azúcar, eran fáciles de hacer. Se rallaba el coco y se le sacaba la leche; esta se ponía a hervir con azúcar, canela en rama, anís y vainilla y se le echaba un puntico de sal, se dejaba espesar a punto de melao'*, se enfriaba y se batía en la misma vasija, con una paleta de madera. Cuando se ponía duro, se vaciaba en una tabla y se amasaba, luego se hacían las yemitas y se iban colocando en otra tabla para que se terminaran de secar. El *cocoanut* era más difícil: se hacía con coco rallado, azúcar, canela, anís y vainilla, algo así como una cocá'†, y cuando estaba espesa se batía con la paleta de madera, luego se iban sacando con un moldecito de madera y se depositaban sobre una tabla para que se secaran. Esos nunca los pude hacer bien, no logré jamás cogerle el punto exacto a la hora de batir: siempre se me azucaraban.

El señor Clark, en aquellas reuniones dominicales, ofrecía una información acerca de Africa y la vida de los africanos, y sobre la cantidad de tierras que estarían a nuestra disposición cuando llegáramos allí. Cuando lo oía recordaba las historias de mi abuela Tatica.

Yo era muy activa, me dieron la tarea de visitar a otros negros para convidarlos a que se incorporaran; embullé a muchos de mis amigos y a algunos de mis familiares negros. ¿Tú entiendes? Recuerdo a una señora que yo convencí para que ingresara; era viuda y tenía dos hijas y aceptó porque decía que «así mis hijas no tendrían que

---

*   Melado (de la caña de azúcar).

†   Cocada: dulce elaborado con coco rallado y azúcar.

trabajarles de sirvientas a los blancos». En el movimiento, en Cueto, había alrededor de cincuenta cubanos. Yo recuerdo bien a Linda, a Yeya, a La China, a Aurelia, a una maestra que se llamaba Victoriana Ochoa y a Sibí, una jamaicana llamada *miss* Luz.

Para recaudar los fondos con que comprarían los barcos en que nos iríamos —ya teníamos uno, el «Antonio Maceo»— había que pagar una cuota de veinticinco centavos semanales, se hacían rifas, y fiestas en las que se cobraba la entrada y todo lo que se ofrecía. La actividad en que más dinero se recogía era como una feria, donde se vendían comidas y dulces tradicionales, tanto jamaicanos, como cubanos; no se tomaban bebidas alcohólicas, sólo jugos de frutas naturales.

Esas fiestas eran muy alegres, acudían muchas personas. Claro, no había muchos lugares donde los pobres —y, sobre todo, los negros— pudieran ir a divertirse. La música que se ponía para animar era de los dos países; para eso se tuvo que tomar un acuerdo: como los cubanos querían su música y los jamaicanos la de ellos, se decidió que se haría por sorteo y se pondría la que ganara. ¡Tremenda algarabía la que se armaba, al saberse la ganadora!

Los negros no podían ser alcaldes ni nada de eso; a las maestras negras las mandaban a trabajar a Monte Ruth, a Jarahueca, a esos lugares, en el campo. ¿En el pueblo?, ¡qué va!, ahí no. A los negros no les daban un puesto importante aunque tuvieran capacidad. Hubo excepciones, pero por conveniencia de los políticos. A las niñas negras, a las negritas, las ponían a trabajar en las casas de los blancos, y allí las pelaban «para no verles las 'pasas' revueltas». En fin, eran muchas las cosas que no estaban de acuerdo conmigo y, aunque me sentía muy cubana, por eso me quería ir; aunque no me imaginaba dónde quedaba Africa. Sabía que existía, que era uno de los cinco continentes, pero no tenía idea de dónde estaba. Pero seguro que allí las cosas serían diferentes.

Había una canción jamaicana, que traducida al español decía más o menos:

Corre buen hombre
corre buen hombre
corre buen hombre
róbate un poco de arroz con pollo
póntelo en los dos bolsillos...

No la recuerdo completa, no la podría escribir, no era en inglés, era un lenguaje como el de los calipsos*.

Hubo mucha actividad cuando se anunció la visita de Garvey a Cuba; eso fue allá por el año '21. Las fiestas se daban más a menudo para aumentar la recaudación de los fondos. También hacíamos almuerzos colectivos y todos teníamos que dar una cantidad de dinero para los gastos. Allí se pagaba todo lo que se consumía, lo que sobraba se lo dábamos al tesorero. Charles Clark y otro más, que no recuerdo el nombre, daban más mítines; aumentamos las visitas para convencer a más personas para que se fueran.

Cuando Garvey estuvo en Santiago, yo no pude venir, tenía que trabajar, pero los jamaicanos asistieron todos y ¡Dios mío!, qué contentos estaban cuando regresaron a Cueto, qué alegría y qué esperanza tan grande llevaban a su regreso. Nos contaron todos los detalles de la visita. Irnos para Africa, para el hogar de nuestros antepasados, vivir como una gran familia, todos iguales, era la libertad verdadera. Ese era el mensaje que llevaron los jamaicanos.

Al cabo de un tiempo las actividades se redujeron. A los negros que dirigían el movimiento los perseguían, a algunos los devolvieron a su país. Todo se empezó a hacer un poco en secreto, ya casi no se cobraba; en fin, yo no llegué a saber exactamente qué pasó, por qué se disolvió aquello[9], ¡pero fue triste, muy triste! Todas nuestras esperanzas se fueron al piso. Para mí aquello fue como si de

---

*   Ritmo surgido en la isla de Trinidad y que se popularizó en la década de los años '50 del presente siglo.

pronto ¡pan!, me dieran un golpe: me tenía que quedar en Cuba, seguir sufriendo por negra. Después de aquello, de una cosa yo sí estaba segura: ¡tenía que imponerme a la discriminación!

Queda mucho por hacer

La discriminación racial en Cuba era muy fuerte y un asunto muy complicado. Los blancos discriminaban a los negros, y estos les guardaban rencor a los blancos; los negros que lograban una posición económica y social, lo hacían con los negros pobres y hasta buscaban una blanca para casarse. Pero aquellos eran pocos, en comparación con la gran masa de negros que no lograron solvencia económica ni estudios.

Había sociedades de negros, y de mulatos. Aquí, en Santiago, estaba la «Luz de Oriente», para mulatos; «Aponte», para los negros, ambas para personas que tenían cierto nivel educacional y económico. Para los negros pobres, «El Gran Casino Cubano»; pero para los pobrecitos, los analfabetos, la gran masa de negros y mulatos, ¡para esos no había nada! Para estudiar también había problemas con el color. La mayoría de los negros que estudiaban —los que lo lograban—, lo hacían en la Escuela de Artes y Oficios, o en la Escuela Normal para Maestros. Eran muy pocos los que hacían el bachillerato, porque era muy difícil continuar carrera; lo mismo pasaba con la Escuela del Hogar y la de Comercio, allí era muy raro que estudiara un negro.

Ahora, ya no hay que preocuparse por el color de la piel. Aunque, bueno, yo sé de muchas personas en las que aún perduran serios problemas raciales. He oído hablar de muchachas negras que no han empleado en una oficina, para favorecer a una blanca; puestos que con cualquier pretexto no se lo dan a un negro, para asegurárselo a un blanco. Son muchos los que aún conservan esa mentalidad, no sé por qué se empeñan en mantener latente ese problema.

Yo soy muy observadora y me doy cuenta de que hay pocos negros actores y los que hay nunca han sido protagonistas de una novela o de un cuento. Siempre son los criados, los trabajadores de los muelles, los esclavos; en fin, depende del tema de que se trate. Al principio de la Revolución eso era lógico, nosotros no teníamos mucho o ningún conocimiento, ¡pero ahora!, después de todos estos años...¿Será que a los escritores no les gusta hacer novelas donde los protagonistas sean negros, o es otra cosa? Es por lo que pienso que los que continúan manteniendo vivos los problemas discriminatorios hacen mucho daño. En ese sentido ¡queda mucho por hacer!

Me gusta leer y de todo: obras de José Martí, libros de historia de Cuba, obras de la literatura universal, libros de poemas de diferentes autores; pero últimamente me he dedicado a leer todo lo que se ha escrito y se escribe sobre los negros —aunque no es mucho—, pero algunas de las cosas que se dicen me disgustan; no sé, creo que no se va al fondo, no se entrevista a los viejos, que fuimos los que en definitiva sufrimos toda aquella situación. Creo que en la medida en que nos vayamos muriendo, más se alejarán los escritores de la verdad. Porque no es sólo lo que dicen los papeles: esos, según el refrán, «aguantan todo lo que le ponen». Otra cosa es cómo los interpreta cada persona que los utiliza. Yo reconozco el esfuerzo y el empeño que ponen; pero al final, resultan libros que no reflejan bien la realidad.

Una niña negra

Cuando yo era niña, recuerdo una etapa en que viví en La Maya, con mi mamá —Isabel— y mis hermanos Pepe y María*—los más claros de todos—. Isabel se molestaba con todo lo mío. Parece que yo tenía la manía de andar con la boca abierta, eso era motivo de incomodidad para ella, por lo que cuando me veía, me gritaba: «Reyita, cierra la boca que la 'bemba'† te va a llegar a la rodilla.» Y yo me miraba en el espejo y me parecía que yo no tenía ninguna bemba, pues comparaba mis labios con los de otros negros —que sí los tenían muy gruesos— y me daba cuenta de que los míos eran finos; pero claro, no como los de mis hermanos maternos.

Pero el complejo de mi mamá la hacía ver visiones. Ese era en ella un problema tan grave, que cuando mi hermana María —que me quería mucho— me vestía por las tardes y me mandaba a dar un paseíto con las otras muchachitas del barrio, si Isabel me veía, me llamaba, me sacudía y me decía: «Reyita, tú no eres mona de nadie para que se rían de ti», y enseguida me llevaba para la casa donde ella trabajaba. ¡Ay, Dios mío!, como yo sufrí con eso.

En una ocasión —ya yo era más grande— había una fiesta en el barrio; era el cumpleaños de una vecinita llamada Iluminada. Nos embullamos para ir, y tu tía María me vistió, me peinó, y me arregló de lo más bonita. Salimos las tres. Yo era la única negrita. Pasamos por el lugar donde Isabel trabajaba, y ella me dijo:

—Reyita, ¿a dónde tú vas?

—Vamos al cumpleaños de Iluminada.

---

* María: nombre de las cuatro hijas de Isabel, compuesto con otro a partir de la segunda.

† Término utilizado de forma despectiva para referirse a los labios gruesos de algunas mujeres y hombres negros.

—Reyita, no puedes ir a hacer el papel de mona entre todos los mulatos, ¡pasa a fregar los trastes de los blancos!

Isabel era muy acomplejada y, aunque yo estaba de lo más bonita, no me dejó ir porque era la única negrita; mis otras hermanas sí fueron. Yo no, porque aunque no era una niña fea, era una niña negra. En el fondo Isabel no era mala. Durante mucho tiempo yo no la comprendí, pero después de vieja me di cuenta de que mi pobre madre fue una víctima de la desgracia que sufrimos los negros, tanto en los siglos pasados, como en este. Te explicaré algunas cosas de ella, que ustedes no saben, y verás que tengo razón.

Isabel

Al abolirse la esclavitud y Tatica salir junto con Basilio de la finca de los Hechavarría, el papá de mi mamá —uno de los dueños— no dejó que ella se llevara a Isabel. Ejerció su condición de padre, no para educarla y tenerla como a una señorita, sino para que continuara trabajando como criada, que era lo que había venido haciendo desde que no levantaba una vara del suelo; a cambio recibía poca ropa y mala comida.

Tu abuela Isabel parió un niño en 1889, al que le pusieron Eduardito. Ese no era tampoco un hijo del amor, sino del abuso de Isalgué, esposo de una de las Hechavarría. Para evitar el escándalo, botaron a mi mamá, junto con su hijo, de la casa. No hubo compasión; al contrario, la descarada y la desfachatada era mi pobre madre. Isabel sintió vergüenza de ir a casa de su mamá y se fue para una finca de La Maya, a trabajar picando caña.

Allí su vida era un martirio. No tenía quien le cuidara al niño para ir al corte, por lo que lo llevaba con ella, lo acostaba debajo de un plantón hasta que llegaba la hora del descanso, la que aprovechaba para darle alimentos y agua. Así pasó varios años, hasta que conoció a Francisco

Ferrer, un hombre blanco que trabajaba en el central* de Los Cedros†.

Francisco tenía medios de vida. Le prometió llevarla con él, ponerle casa y ocuparse tanto de ella como de su hijo. Era casado, pero, imagínate, su situación era tan difícil que accedió a vivir con aquel hombre. La acomodó en Los Cedros, en una casita de tablas que a mi madre debe haberle parecido un palacio si la comparaba con el barracón donde vivía. Pero no dejó de trabajar; continuó cortando caña, para tener su propia entrada de dinero.

De aquel hombre le nacieron dos hijos: José, a quien le decían Pepe, en 1892, y María, en 1894. Esos hijos de tu abuela eran «adelantados»: Pepe y María tenían la piel casi blanca, el pelo fino y sin muchos rizos, y sus facciones, también finas, no se parecían en nada a las mías.

Cuando comenzó la Guerra del 95, Francisco no quiso sufrir la incertidumbre de aquella lucha, y se fue para Santo Domingo. Tu abuela junto con sus tres hijos pequeños se unió a los familiares de los mambises‡. Iba de un lugar a otro, pasando todo tipo de vicisitudes; su hijo mayor, Eduardito, la ayudaba con sus hermanos menores, hasta que murió a consecuencia de la viruela. Mi pobre madre tuvo que abrir la tierra con sus propias manos, envolver a su hijo en yaguas y enterrarlo; pero no se podía dar el lujo de desmayar. Le quedaban Pepe y María y tenía que velar por ellos.

En una ocasión, una columna mambisa acampó en el lugar donde ella se encontraba. A un soldado le gustó mi mamá; trató de auxiliarla como pudo. Isabel y él se hicieron marido y mujer. Ella seguía la columna con otros familiares de mambises para donde se movían. Aquel soldado fue mi papá, Carlos Castillo Duharte, el único hom-

---

*   Palabra con la que se conoce en Cuba la fábrica o ingenio azucarero.

†   Alto Cedro, localidad de la entonces provincia de Oriente.

‡   Insurgentes cubanos contra la dominación española.

bre negro con quien Isabel iba a compartir la vida. Durante el tiempo que duró la guerra, tuvo tres hijos más: Candita, Evaristo y Nemesio.

Una vez estaban los familiares de los mambises ocultos en un cañadón*, porque iba a pasar una columna española; pero Candita lloraba mucho porque estaba muy enferma. El resto de las mujeres, temerosas de ser descubiertas, le decían a tu abuela: «Isabel, busca la manera de callar a esa niña.» Ella, sin saber qué hacer, dejó a los otros niños y se fue caminando y caminando hasta que llegó a un arroyito.

Llevaba a su hija apretada contra su pecho. Cuando la niña dejó de llorar, Isabel se dio cuenta de que estaba muerta. Nuevamente tuvo que abrir la tierra con sus manos y enterrarla envuelta en hojas. No pudo detenerse a llorar y a sufrir, corría el riesgo de que el grupo se moviera del lugar y no poder volver a ver a sus otros hijos. Evaristo y Nemesio tampoco sobrevivieron. Colmada de penurias y calamidades, llegó al final de la guerra con mis hermanos Pepe y María. Junto con sus hijos y Mamacita —mi abuela paterna— Isabel se fue para «El Desengaño».

Al cabo de un tiempo, ella y mi papá decidieron poner una fondita en La Maya: así luchaban por subsistir. En esa época nació mi hermano Julián. A pesar de lo mucho que se esforzaron la fondita quebró; no les quedó más remedio que volver para «El Desengaño», y fue cuando yo nací. En ese tiempo mi papá estaba insoportable. Según contaba Isabel, era muy mujeriego y ella se cansó de soportarlo. Como él no la atendía debidamente decidió abandonarlo, dejó a Julián con Mamacita, a Pepe y a María los llevó a vivir con una prima que tenía en La Maya, y se fue conmigo para Guantánamo.

---

*   Cañada (en Cuba). Cauce de agua muy pobre y reducido, que aparece seco una parte del año. Si es honda, se le llama cañadón.

Se albergó en un barracón del central «Soledad»*, porque comenzó a trabajar picando caña. Allí vivían algunos haitianos. Durante el corte ella me dejaba con una vieja, que era la única que se quedaba en el barracón. Tengo recuerdos muy vagos de aquella etapa, pero ¡cómo olvidar a Cherisse!, un haitianito que cuando no tenía que trabajar, me montaba a caballitos y me paseaba por el batey. En una ocasión se buscó una bronca conmigo a cuestas, pero, ¡imagínate!, no recuerdo si recibí algún golpe.

A uno de los administradores del central le llamó la atención tu abuela, le hizo muchas promesas que ella creyó. Resultado: salió embarazada de nuevo. Aquel hombre se llamaba Agustín Rodríguez, él le hizo una casita de tablas y ahí vivimos hasta que nos fuimos para la finca «La Dolorita», propiedad de mi tía Casilda —hermana de mi abuela Tatica—, adonde fue a parir, y donde me dejó cuando se fue con la recién nacida, tu tía Gloria. No regresó a Guantánamo, porque se dio cuenta que Agustín no le iba a resolver ningún problema.

Tía Casilda tuvo un hijo de su antiguo amo, el que sí fue reconocido por su padre y que estudió Derecho en Francia. Cuando mi mamá fue a parir a la finca, él estaba allí. ¡El pobre!, por estar defendiendo a los campesinos, y sobre todo a los negros, desapareció: un día salió y no regresó, nunca más se supo de él, ni qué pasó ni cuál fue su destino. Lo desaparecieron, no convenía aquel negro letrado.

No puedo recordar bien cómo fue mi vida en casa de tía Casilda, allá por 1906. De allí sólo tengo claro que como vivía sola y tenía que trabajar en el campo y atender sus animales, por la mañana cuando se iba me dejaba amarrada a la pata de la mesa, me ponía una vasija con agua y otra con comida. Ahí hacía mis necesidades, me dormía, me despertaba, hasta que ella llegaba por la tarde, ¡ay Dios...! Entonces me soltaba, me bañaba, me daba que

---

*   Hoy «El Salvador».

comer y me dejaba desandar por la casa hasta la hora de dormir. Mi tía me quería mucho, pero no podía hacer otra cosa; era la lucha por la vida la que la obligaba a hacerlo, tenía que trabajar para su sustento y el mío.

No creo que mi caso fuera el único, los hubo peores en el campo, lo que pasa es que de eso no se ha escrito nada. Parece que a los escritores ese tema no les llamaba la atención, o no lo conocían. De esa forma transcurrió mi vida, hasta que un día llegó tu abuela a buscarme. Nos íbamos a vivir nuevamente con papá a otro monte.

La hermana de él le había dado un pedacito de tierra en un lugar llamado «Los Caguairanes» —cerca de Cuatro Caminos—, donde hizo una casa de yaguas y guano, y convenció a tu abuela de que había cambiado. Ella le creyó y se juntaron de nuevo. Con ellos nos fuimos tu tía María y yo. A Gloria se la había llevado su papá —Agustín— para Guantánamo, porque no había tenido hijos con su esposa.

Era comenzar una nueva vida, preparar la tierra para sembrar, criar animales. Tú no tienes la menor idea de cómo era aquello, lo que era vivir en el medio del monte, sin vecinos, sin luz eléctrica, sacando agua del río, cargando leña. Porque para los pobres —y más que eso, para los pobrecitos— los hijos nunca pudieron ser niños, y mucho menos podían jugar; su juego era trabajar casi desde que aprendían a caminar. A eso nos dedicamos para poner aquello en condiciones, aunque fuera sólo para sobrevivir.

Cuando más contenta estaba mi mamá, tu abuelo se fue a trabajar lejos, a las minas de «El Cuero» , y no volvió. Ese era un problema que tenían las familias pobres y sobre todo las negras: los maridos se iban a trabajar lejos, para mejorar la situación económica, y en la mayoría de los casos no regresaban. Mi mamá, María y yo trabajábamos hasta el cansancio, y vivíamos. Qué tremendo esfuerzo tuvo que hacer para mantenernos, atender la siembra, los pocos animales que teníamos, y para colmo embarazada de nuevo. Pero tu abuela no tenía suerte: al irse mi papá, su hermana le quitó el pedacito de tierra.

Conservo en la memoria el día que nos fuimos... El camino real, los bultos con la poca ropa que teníamos, una chiva, y en la   salida un nuevo miembro de la familia: José María, «Cuto», mi hermano más chiquito. Sin tener para donde ir, regresamos para «El Desengaño». Mamacita nos recibió con cariño y afecto, pero Isabel era orgullosa, consideraba que no tenía por qué vivir allí si ya ella no estaba con tu abuelo. Después de cierto tiempo nos fuimos para La Maya, para la casa donde vivía tu tío Pepe. Mamá comenzó a trabajar en lo que podía.

Si tú supieras lo bellaca* que yo era. Un día mi mamá estaba en el patio lavando una ropa ajena y cuando terminó de hervir puso a hacer un ajiaco para la comida. El ajiaco se hacía con carne de macho†, viandas‡, bastante viandas: malangas, papas, calabaza, ñame y maíz tierno. En la casa había un gatico y yo me dije: «Le voy a echar el gatico al ajiaco para que tenga más carne.» Lo cogí, destapé la olla, lo eché y la volví a tapar. ¡Ay, mi madre!, cuando tu abuela fue a servir y se dio cuenta de que además de echarle a perder la comida, le había matado al gato, por poco me mata a mí también, pero a golpes. Yo no lo hice por malo, sólo quería aumentar la comida. ¡Imagínate!, yo tenía cuando aquello seis o siete años. Al poco tiempo se pudo colocar en casa de unos blancos acomodados.

Después conoció a Narciso Barrientos —mulato, arriero—, quien tenía una casita en un lugar llamado Belleza. El se enamoró de ella y le pidió que lo aceptara como marido. Como a los tres o cuatro meses, se fue a vivir con él. Para allá nos fuimos tu tío Cuto, mi abuela Tatica y yo. Allí vivía también una hija de Barrientos llamada

---

* Personas que hacen travesuras, sin segundas intenciones.

† Cerdo.

‡ En Cuba, frutos de huerto que se consumen cocidos o fritos.

Agustinita, que era más o menos de mi edad. Aquella casa estaba en medio del monte, no teníamos vecinos, lo que hacía más triste el lugar, a lo que hay que añadir el carácter tan difícil que tenía ese señor. Agustinita y yo queríamos mudarnos para el pueblo porque sufríamos mucho por la oscuridad.

Una vez tiramos un tizón de candela para el techo, que era de guano, para que se quemara la casa y nos tuviéramos que ir de allí. Valga, no sé —no me acuerdo bien como fue— que apagaron el fuego, pero lo que vino atrás nadie es capaz de imaginárselo: ¡qué manera de darnos golpes! Sólo faltó que nos dieran candela también, como lo habíamos hecho con la casa. En fin, solamente se quemó una parte del techo, porque el río estaba cerca, ahí mismo, y pudieron tirar bastante agua y evitar que se extendiera el fuego.

En aquella finca todos teníamos que trabajar muy duro y Agustinita y yo teníamos que escoger plátanos. Cuando Barrientos llegaba con los serones cargados, separábamos los plátanos grandes, los medianos y los chiquitos, porque él, al envasarlos, ponía grandes abajo, chiquitos en el medio y grandes arriba. Al proponerlos —en el pueblo— se veían los grandes que estaban arriba, y al vaciarlos, los grandes que estaban abajo, por lo que se podía ganar unos quilos* más. Los medianos los vendía aparte. Agustinita y yo, como es natural, no queríamos saber de los plátanos, porque lo que nos interesaba era jugar. El único gusto que nos podíamos dar era ir a bañarnos al río, pescar jaibitas, comer guayabas —el guayabal que había allí era inmenso—: esos eran los únicos entretenimientos que teníamos.

Un día tu tío Pepe nos fue a visitar; y nos hizo en el patio una casita de yaguas y guano para jugar. Cada vez que podíamos nos metíamos en nuestro mundo de sueños que eran de un ratico, pues como teníamos que barrer

---

*   Centavos.

todo el solar delante de la casa, sacar agua del río, recoger leña para la cocina y desgranar el maíz para los animales, si a Barrientos se le antojaba vigilarnos y nos sorprendía jugando, ¡qué paliza!

El nos maltrataba mucho. Mi abuela nos defendía, pero mi mamá no; ella lo adulaba y siempre le daba la razón. Yo considero que lo hacía tratando de mantener la estabilidad y la seguridad que tenía allí, porque pasaba trabajo, pero menos que rodando de un lugar para otro.

Al tiempo Juan, el hermano de mi papá —quien no tuvo hijos—, me fue a ver y le pidió a mi mamá que me dejara ir a vivir con él. Isabel aceptó y como a los tres o cuatro días nos fuimos. Nunca olvidaré a la pobre Agustinita dando gritos para que la dejaran ir conmigo, para que no la dejara sola. Aún recuerdo su voz cuando gritaba:

—¡Adiós, Reyitaaa!

—¡Adiós, Agustinitaaa! —una y otra vez hasta que la distancia apagó nuestras voces. Nunca imaginé que no la volvería a ver más. A partir de ese momento no volví a vivir con mi mamá. Ella descansó de sus complejos conmigo.

Isabel se separó de Barrientos y volvió a La Maya. Allí tuvo a su última hija, María de la Cruz. El papá de tu tía Gloria enviudó y, como no tenía quien le cuidara la niña, se la llevó a tu abuela, la que regresó para Santiago y se colocó como sirvienta. Para esa época, Pepe y María se habían casado. Tu tía María, después de diez años de matrimonio, enviudó. Tuvo dos hijos. La familia del marido le hizo una trastada —ellos nunca estuvieron de acuerdo con aquel matrimonio porque ella era mestiza—: de la herencia que tenía que recibir, solamente le compraron una casita en Santiago y le dieron setecientos pesos. En aquella época eso era un dineral, así que ¡fíjate qué cantidad de dinero debía de haber tenido aquel hombre!

El papá de Gloria también le compró una casa al lado de la de María. Tu abuela y tus tíos María de la Cruz —«Cusa»— y Cuto se fueron a vivir con ella. María cosía en un taller, Gloria comenzó a trabajar como conductora* y se nuclearon de nuevas amistades —casi todas blancas—. Tu abuela logró sus deseos de estabilizarse y cambió por completo su modo de vida; vestía siempre de blanco y María le hacía su ropa. Como católica, iba a misa todos los domingos.

A pesar de lo bien que ella comenzó a vivir, en Isabel se mantenía aquel complejo entre sus hijos casi blancos, mulatos y negros. Por eso se instaló en la accesoria que había en la casa de Gloria y hasta cocinaba separado, para que cuando sus hijos y nietos negros la visitaran no interfirieran en la vida de la familia más clara. Gloria y María sufrían mucho con aquel problema. Pero tu abuela pensaba y actuaba así... ya nada la haría cambiar. Era el resultado de la discriminación racial.

Aquellos prejuicios hicieron que tu abuela sacrificara hasta sus gustos por mantener una apariencia que yo nunca me expliqué. ¡Fíjate!: a ella le encantaba la tumba francesa[10], pero nunca fue, para que nadie la viera. Ya vieja —cuando la tumba salía en los carnavales como si fuera una comparsa— iba a mi casa y le decía a mis hijos Monín o Nené que la acompañaran a arrollar†. Al regreso pedía a los muchachos que no dijeran nada. ¿Por qué tenía que hacerlo a escondidas? ¿Por qué vivir apegada a los prejuicios? Sólo nosotros sabíamos que a ella le gustaba la tumba francesa.

---

*   Persona que cobra el pasaje en los ómnibus locales.
†   Desplazarse de un lugar a otro rozando el suelo con los pies al compás de la música.

Una mujer sin prejuicios

Una mujer que sí vivió sin complejos y a la que no le interesó adelantar la raza —como decía la gente de antes— fue mi abuelita Mamacita. Ella era de una estatura regular, bonita, ¡de muy buena figura!, con una cinturita fina y anchas caderas. Dicen —porque yo no me fijaba en eso— que lo más bonito que tenía eran las piernas y los senos. Le gustaba ponerse batas largas, sobre todo blancas; también usaba faldas largas de vuelos, y chambras. Se calzaba unos zapatos que eran algo así como unas pantuflas. No le gustaban las «colgajeras» —como ella decía—; tenía una cadena, pulsos y argollas de oro. Nunca le vi otros adornos.

Se llamaba Emiliana Duharte, hija de Caridad Muchulí y Vicente Duharte. Mamacita se casó con Antonino Castillo — mi abuelo paterno—, negro libre, albañil, y se fueron a vivir en una casita que estaba en las que son hoy las calles de Martí y Calvario, aquí en Santiago. Mi bisabuela no estuvo de acuerdo con aquella unión, consideró que Mamacita «atrasaba la raza». Los negros, y sobre todo los viejos, siempre consideraron que la unión con blanco era importante, porque mientras más claro se fuera, se pasaba menos vicisitudes con la discriminación. Yo entendí aquellas preocupaciones de mi bisabuela, porque por ser negra tuve que sufrir mucho.

Antonino y Mamacita tuvieron siete hijos: seis varones y una hembra. El más chiquito fue mi papá, el que por coincidencia de la vida nació el 10 de octubre de 1868, cuando comenzó la Guerra Grande[11]. Mi abuelo se incorporó a la guerra y lo mataron. Mi abuela, quien lo había seguido a la manigua, después del Pacto del Zanjón[12], regresó a Santiago. A partir de aquel momento comenzó una dura lucha por la vida, tenía que garantizar casa y comida para ella y para sus hijos. Mamacita era muy fuerte de carácter y logró que sus hijos aprendieran un oficio. Ella se dedicaba a hacer dulces para vender, tanto en la casa como en la calle; también ponía mesitas* en los días de fiestas en Santiago y otros pueblecitos. En una ocasión en que fue a ganarse la vida, como de costumbre, en la fiesta de San José —fiesta patronal del poblado de La Maya— conoció a Francisco Mondeja, un hombre blanco al que le decían Pancho, dueño de la finca «El Desengaño» en ese poblado.

Los Mondeja eran varios hermanos. Papa Panchito —como todos le decíamos— nunca se casó con Mamacita, pero vivieron juntos treinta y siete años, hasta que ella murió. Esa unión fue un escándalo, su familia se sintió deshonrada por eso; pero a él le interesó más Mamacita. Cuando comenzó la Guerra del 95, todos los Mondeja se fueron para la isla de Jamaica. Mamacita no se quiso ir con papá Panchito y se incorporó a la lucha con todos sus hijos. De ellos, Lucas y Mateo fueron hechos prisioneros y enviados a una cárcel en Ceuta[13], donde murieron, los otros sobrevivieron. Tío Vicente fue capitán; papá, sargento abanderado; y los demás, soldados. Ella y mi tía sirvieron en todo lo que fue necesario. Cuando terminó la guerra volvieron para «El Desengaño» y sus hijos se fueron casando y abandonando la finca. Ella no podía sola con aquello y se fue para La Maya a trabajar junto con mi papá y con mi mamá. Con ellos vivían tus tíos Pepe y María.

Los Mondeja regresaron después de la toma de posesión del Presidente Estrada Palma[14]. Papá Panchito fue a buscar a Mamacita a La Maya, pero como ella había regresado a «El Desengaño», allá se fue y se juntaron de nuevo. Al tiempo a él le dieron un trabajo importante en la «Yunai»[15], en Banes y se llevó a Mamacita. También se fue tu tío Julián —quien siempre vivió con ella— huyéndole a los prejuicios raciales de mi mamá. Yo nunca

---

*   Mesa de venta de dulces, refrescos o frutas que se situaban en las calles o en las aceras.

39

olvidaré a Mamacita. ¡Ay, mi hija!, si siempre hubiese vivido con ella, ¡qué distinta hubiese sido mi vida! No habría sufrido tantas vejaciones y maltratos y, sobre todo, no hubiese tenido que rodar tanto, de casa de un familiar para casa de otro.

¡Reyita, la cagona!

La vergüenza más grande que he sentido en mi vida la pasé en La Maya, después que mi tío Juan me llevó a vivir a su casa junto a su esposa Margarita Planas, doña Mangá[16]. Eso fue allá por el 1910. Ella tenía un carácter muy fuerte, era severa y sobre todo muy trabajadora. Mangá tenía una ahijada que se llamaba Francisca a la que le decían Paquita. Esa era la que querían en su casa; pero mi tío, no. A pesar de eso Paquita se pasaba todo el día allá y regresaba a su casa por la noche.

A las dos nos pusieron en una escuelita paga*, a la que íbamos por la mañana; por la tarde ayudábamos en los quehaceres de la casa. ¡Paquita era mala, muy mala! Ella quería que me botaran de la casa por la ambición de heredar el ventorrillo y lo poco que tenía mi tío. Pensarás que aquella niña con nueve o diez años no sabía nada de esas cosas... pero antes, la miseria, la lucha por la vida y por la subsistencia hacían madurar muy rápido, a lo que hay que sumar los consejos de los padres y de los abuelos. Aquella ambición hizo de Paquita un ser diabólico.

En la escuela se portaba mal y la dejaban castigada; entonces ella me obligaba a acompañarla y cuando llegábamos a la casa decía que había sido yo la del castigo. Mangá por eso me daba una paliza. No quiero recordar todo lo que aquella muchachita me hizo sufrir, sería como hacer un rosario; pero sí te contaré lo que más me dolió.

---

* Escuela de barrio, muy modesta, donde generalmente impartía clases de los primeros grados una sola maestra a un pequeño grupo de alumnos. El pago era muy reducido. Ver más adelante *La maestra de Báguanos*.

Paquita, cuando estaba en la casa, además de pellizcar los dulces que Mangá hacía para vender y echarme la culpa, antes de irse para su casa corregía* en cualquier rincón, y cuando regresaba por la mañana lo primero que decía era:

—Madrina, ¿usted no siente la peste a porquería?

—Sí, seguro que fue Reyita por la noche.

Paquita enseguida la encontraba y Mangá me daba una soberana paliza. Un día Paquita se corrigió en el cesto de guardar la ropa blanca sucia y mi tía, cuando lo descubrió, obstinada† por todo aquello —porque ella creía que era yo—, me castigó ¡y de qué manera! Me arrodilló en la acera de la casa con los brazos abiertos en cruz y las palmas de las manos hacía arriba, donde me puso un poco de porquería, de manera que todo el que pasara me viera. Los niños me gritaban: «¡Reyita, la cagona!» Yo me quería morir de la vergüenza, y lo más triste es que era inocente. De aquel castigo me salvó Tirso —un joven que vivía en el barrio—, que al pasar y verme, me levantó, me lavó las manos y se enfrentó a la doña, la que sorprendida porque nadie nunca se había atrevido a levantarle la voz, no me volvió a castigar más ese día.

Cuando mi tío se enteró de todo eso, tuvo un serio disgusto con Mangá y se puso en vela —porque yo le había jurado que era inocente de todas aquellas calumnias de Paquita—. Un día la encontró pellizcando los dulces y llamó a Mangá. ¡Qué paliza, Dios santo! Pero ella se le encaró a Mangá y se cagó en Dios y en la madrina. Aquello le costó que la mandaran definitivamente para su casa y dejé de sufrir un poco. Como yo no era mala, no daba motivos para que me pegaran.

Trabajaba como una mula, pues tenía que limpiar la casa, cargar agua, lavar los sartenes de hornear y, de contra, me pusieron una mesita en la calle principal del pue-

---

*   Defecaba.
†   Cansada, hastiada.

blo para vender dulces. En una etapa en que Mangá no podía hacerlos, alquiló el horno a un hombre de El Cristo, al que le decían Pepe, para que trabajaran él y su hermano. Como yo era la que siempre lavaba los sartenes, Mangá quería que lo siguiera haciendo y que me pagaran por eso. Pero ellos no quisieron y lo que acordaron fue que seguirían suministrándome los dulces para que los vendiera en la mesita. Allí me sentía bien porque no estaba en la casa; además ganaba algunos quilitos para comprar mis cositas escondida de Mangá. ¡Fíjate!, los dulces había que venderlos a tres por medio* y yo los daba a dos; por cada quince centavos me ganaba cinco. ¡Eso era dinero en aquella época!

Las personas me compraban por dos cosas: primero, era la vendedora más joven y parece que me cogían lástima; y segundo, porque les hacía gracia un pregón que yo inventé y que decía más o menos: «Cómpreme dulcecitos pa'llevar a sus hijitos.» Quiero que sepas que el pregón era un factor muy importante para lograr vender las mercancías; muchas veces los compradores se acercaban a uno atraídos por el pregón. Pero yo no recuerdo bien el mío; hace tantos años, tantísimos años de aquello. ¡Ah! yo era tan niña. ¡Por Dios, que calamidad la de los pobres!

Hubo una ocasión en que Mangá le lavaba y le planchaba a los dueños de la tienda de los Mancebo —era la más grande de La Maya—. Los recuerdo bien: Lino, Santiago y Vicente Mancebo. Ella me ponía a lavar las medias y los pañuelos mocosos. ¡Oye, esos blancos eran catarrosos! Yo lloraba cuando había que lavar. Entonces cogía un palito y con él revolvía los pañuelos en el agua, para que soltaran un poco de catarro, y luego los estregaba. Pero no era sólo lavarlos, tenía que plancharlos y doblar las medias una dentro de la otra.

---

* Moneda que equivale a cinco centavos. También se le llama níquel.

¡Pero la doña era mala! A pesar de todo lo que yo ayudaba, por cualquier cosa me pegaba sin compasión. ¡Mira!, este dedo que tengo medio lisiado, fue un palo que ella me dio un día. ¿Que qué hacía mi tío ante aquella situación y aquellos abusos? El ignoraba todo, nunca le dije nada, era muy bueno y muy noble y no quería buscarle problemas con su mujer. El era feliz teniéndome a su lado, yo no podía bajo ningún concepto hacerlo sufrir. En definitiva, ¿qué iba a resolver? Me llevarían de nuevo con mi mamá y allí estaría peor.

Los misterios

Desde niña siempre vi visiones que no me podía explicar. En «Belleza» —cerca de la casa de nosotros—, en un terreno que era como una islita bordeada por un arroyo, vi a una mujer blanca, vestida con un traje blanco, largo. Era muy vistosa y elegante. Me llamó la atención y asombrada llamé a tu abuela:

—Isabel, ¡mire que mujer más elegante va por allí!

—Yo no veo nada.

Yo insistí porque la estaba mirando; y como ella no veía nada, se molestó.

—¡Ah, Reyita!, tú siempre con tus boberías y tus sanaquerías*. ¿Qué va a hacer una mujer elegante caminando por el medio del monte? ¡Pasa, anda! Ponte a hacer algo.

Triste por lo que me dijo, volví a mirar, pero ya la mujer no estaba. Pero por coincidencia, como a los tres días se murió Edelmira, la hija de Pepe Revilla —un hacendado dueño de todas aquellas tierras—. Su hija era una mujer elegante, vistosa y se vestía muy bien.

Ya viviendo con Mangá en La Maya, me pusieron para dormir un pijama de una sobrina de la doña que se había muerto. Yo no quería y le supliqué que no me lo pusiera.

---

*   Sanaco: mentecato, sandio, tonto.

Ella no me hizo caso. Cuando me acosté, ¡te lo juro por lo más sagrado!, yo sentía que alguien estaba acostado conmigo, sentía su respiración y, al palpar la cama, sentía como si tocara la columna vertebral de alguien que estaba a mi lado. Comencé a gritar, y cuando mi tía llegó y se lo conté, me dijo:

—¡Concho, Reyita! ¡Tú siempre con tus visiones! —ella estaba muy molesta.

Aquella incomodidad la hizo que me pusiera a dormir en el patio, como castigo. Yo no me asusté, pues al mirar al cielo y ver las estrellas, me parecía que me saludaban y me sonreían. Veía figuras que se formaban y conversaba con ellas. Y en aquel mudo coloquio con las estrellas me quedé dormida. ¡Ay, muchacha!, cuando Mangá se asomó y me vio durmiendo, se insultó y comenzó a gritar:

—¡Juan, mira si esta negrita es mala! No le tiene miedo a la oscuridad, mira cómo duerme tan tranquila. —Y me mandó a dormir a la cama.

Otra noche, soñé que en cada hoja de la mata de tamarindo —que había en un solar yermo frente a la casa— había colgado un número cinco, y en el sueño me deleitaba mirando como se balanceaba con el viento. Por la mañana pasó un billetero* que llevaba, entre otras, una hoja con el 5 555. Se lo conté a Mangá y le dije:

—Cómprelo, doña Mangá, a lo mejor gana.

—¡Allá va la bruja!, porque tú vas a ser bruja. Fíjate, no voy a comprar nada.

El billetero, quien no quería perder la oportunidad de vender, le dijo:

—¡Cómprelo, doña! No desperdicie la revelación de la muchachita.

Mangá, a fuerza de pedírselo, compró un pedacito†. El billetero le insistía para que comprara la hoja completa,

---

pero ella no quiso. Y cuando cantaron la lotería el sábado siguiente, el número salió en el tercer premio. Mangá se lamentó mucho de no haber comprado la hoja completa, por eso se pasó varios días enfurruñada conmigo. Por decirme bruja, yo me alegré de que no hubiera ganado, pero en el fondo de mi corazón sentí pena. Porque la lotería era una de las pocas esperanzas que tenían los pobres de ganar algún dinerito con que resolver algunos de sus tantos problemas.

En otra ocasión que tuve la oportunidad de salir a jugar frente a la casa, lo hice hasta un poco tarde. Cuando Mangá me llamó para que fuera a comer, al pasar por al lado del ventorrillo, vi un vecinito de nosotros llamado Miguel Angel, de unos cuatro o cinco años, parado frente a mí, que tenía como un halo azul brillante alrededor de la cabeza. Lo llamé y no me contestó, y cuando me acerqué para ver lo que tenía en la cabeza, se me desapareció. Entré corriendo y asustada, llamé a Mangá y le conté lo sucedido.

«¡Vaya, tú siempre con tus visiones mirando cosas! ¡Arrea, anda, vete a dormir!» —y esa noche me dejó sin comer.

Al otro día, en casa de Miguel Angel estaban haciendo limpieza general y pusieron una medicina al alcance de la mano del niño, sin darse cuenta. El muchachito cogió el frasco y se lo empinó: era ácido fénico. Se puso muy mal y cuando comenzaron a darle convulsiones, Antoñica y Félix Estrada —su mamá y su papá— salieron corriendo con él para la botica de Leopoldo Depeaux. El niño se murió en el camino.

Aquellas cosas me asustaban mucho. Yo no podía, como es natural, darle una explicación. Los mayores decían que yo tenía «mediumnidad», pero tampoco sabía lo que era eso. Lo que sí te puedo asegurar es que «vi» muchas, pero muchas cosas.

¡Misericordia, misericordia!

¡Misericordia, misericordia, de rodillas, misericordia! Así gritaron las mediums que se encontraban en la sesión espiritual a la que fui con mi tía Mangá, un día de mayo que no recuerdo con exactitud, en 1912. Ellas se asustaron mucho con una visión que tuve; o, mejor dicho, una visión que les hice creer que tuve, porque yo no vi nada. ¡Te lo juro! Todas las mediums veían algo en un vaso de agua que estaba sobre la mesa y yo también dije que veía. Fíjate, te voy a contar como fue la cosa.

Mi tía fue a una sesión espiritual y me llevó, porque no tenía con quien dejarme. Allí estaban algunas mediums alrededor de una mesa, entre ellas mi tía, y yo, en un banquito a su lado. Había muchas mujeres más. Después de las oraciones y las plegarias, las mediums veían muchas cosas en el vaso de agua. Yo no veía nada y eso me molestaba, quería ver y me concentraba mirando el vaso. Por fin me decidí a decir que yo también veía algo, aunque no fuera cierto. Le dije bajito a mi tía:

—Doña Mangá, yo veo algo en el vaso.

—¡Cállate, Reyita! Tú siempre con tus cosas. —Yo insistí tanto que una de las mediums le dijo a mi tía:

—Mangá, tu sabes que Reyita tiene mediumnidad. Déjala que diga lo que ve.

Y me dieron la palabra; yo no me sobrecogí, me dejaban hablar y así lo hice. Adopté un porte de persona mayor y dije:

—Yo veo una fila de hombres que marchan a las lomas llevando al hombro un jolongo* en la punta de un palo o de una tercerola vieja.

Todas las mujeres allí reunidas comenzaron a pedir misericordia y a gritar: «¡La guerra, la guerra!» Lo cierto fue que como a los tres o cuatro días, del patio de la casa

---

*   Especie de saco pequeño para cargar al hombro.

salieron muchos hombres, con su jolongo al hombro para alzarse.

En casa de mi tío se reunía mucha gente. A mí me ponían en la puerta de la casa a vigilar; ellos se encerraban en el cuartico que había en el patio, donde se guardaban los utensilios para hacer los dulces. Un día llegaron varios hombres, entre ellos Pedro Ivonet[17] y Evaristo Estenoz[18]. Cuando mi tía Mangá los fue a saludar, Estenoz me echó el brazo y me besó. Ivonet, también; Estenoz era muy buen mozo. Había otro, un negro muy buen mozo también —no recuerdo cómo se llamaba— que daba mítines; hablaba muy bonito.

En aquel momento yo no sabía lo que ellos significaban en aquel movimiento. Eran los dirigentes del Partido Independiente de Color[19]; pero sí oí que un senador llamado Morúa Delgado[20] había votado una ley en contra de la creación de partidos de negros; o, mejor dicho, de personas de una sola raza. Las personas de «color» consideraron injusta esa ley, porque entendían que debían tener una organización política que les permitiera buscar y dar soluciones a sus problemas, porque las de los blancos no se los resolvían.

Una vez que los negros estuvieron impuestos de la situación y estaban en la mejor disposición de luchar por su Partido y por sus intereses, Estenoz se reunió con el Presidente de la República, y este le dijo que los apoyaría a ganar ese derecho, que hicieran un simulacro de alzamiento en armas para poder reunir a la Cámara y al Senado y hacerles creer que era una guerra de negros contra blancos; y, para evitarla, pedir que echaran abajo la ley Morúa: así aprobarían el Partido.

El verdadero interés de José Miguel[21] era garantizarse los votos de los negros, porque se quería reelegir como Presidente. Como no pudo lograr nada, mandó una comisión al monte con un mensaje para los negros: «No cedan, que yo seguiré tratando de resolver el problema.» Y para evitar que se supiera lo que había prometido a los negros, lo que hizo fue echarles el Ejército al mando del general Monteagudo[22].

¡Imagínate! ¿Con qué se iban a defender? ¿Con tercerolas viejas? ¿Con machetes? Como no tenían suficientes armas —además, su intención no era la guerra— los cazaron y los cogieron. ¡Infelices! Yo los veía cuando los bajaban amarrados del monte. Los mataban y luego los tiraban en unos fosos y les daban candela. A muchos de los que se presentaron los llevaron hasta un lugar llamado Arroyo Blanco y allí fueron asesinados por un grupo al mando de José de la Cruz Puente[23]. También asesinaron a mi tío Juan. Aquellas cosas son muy difíciles de olvidar.

Recuerdo el 30 de mayo. Me desperté gritando, pues al abrir los ojos vi delante de mi cama dos animales que parecían gansos, que brillaban como si estuviesen encendidos; me asusté y comencé a gritar y a llamar a mi tía. Ella se levantó muy disgustada porque estaba muy apesadumbrada por la muerte de mi tío Juan y por el camino que habían cogido los acontecimientos. Cuando me preguntó qué me pasaba le dije: «Doña Mangá, mire esos gansos encendidos, tenga cuidado no se queme.»

Mangá comenzó a pelear conmigo y a insultarme porque no veía nada; me obligó a acostarme y se fue para su cuarto. Al poco rato comenzaron a tocar a la puerta de la calle mientras gritaban: «Doña Mangá, ¡fuego, fuego, fuego! ¡El pueblo está ardiendo!» Mangá de inmediato cogió una imagen de Santa Clara que tenía y se fue para el patio a rezar y a llorar. Mientras tanto, Enrique Salcedo —un señor que vivía en el cuartico donde se guardaban los utensilios para hacer los dulces— y yo sacábamos las cosas de la casa. Salcedo, por miedo a que lo fueran a coger preso, se disfrazó de mujer, se puso una bata de Mangá y un pañuelo en la cabeza.

Al otro día, Mangá estaba recostada de lo que quedó del ventorrillo y pasó el sargento Baluja y le hizo una seña, queriéndole decir que le iba a cortar la cabeza. Tuvimos que salir huyendo de La Maya. Nos fuimos para Banes, para casa de Mamacita, pero como a los seis días, a consecuencia de la denuncia de un hombre llamado Pablo Correoso —que era el único que sabía adónde había ido mi tía—, se apareció la Guardia Rural y se la llevaron presa. La acusaron de haber saqueado, junto con otras mujeres, la tienda principal del pueblo. Decían que ella estaba en medio del fuego echándose perfume y gritando: «Abajo la ley Morúa.» Eso era mentira, era el pretexto que utilizaron para prenderla, lo hicieron porque era la Presidenta del Comité de Damas Pro Partido Independiente de Color.

Hubo muchos prisioneros. Mario García Menocal[21], que estaba postulado para Presidente de la República, se aprovechó de esa situación. Pidió una amnistía para los negros, pero no te vayas a creer que lo hizo por justeza ni nada por el estilo: fue con la condición de que cuando los soltaran, ellos y sus familiares votaran por él. Y así fue. Ganó la Presidencia, el muy descarado.

A Mangá la condenaron a seis meses de prisión. ¡Pobre mi tía! Aquello me dio un gran dolor y una tremenda indignación, porque fue una injusticia, una injusticia más contra los negros... Margarita Planas, doña Mangá, mujer de un carácter muy fuerte, una gran mujer... pero no me quería.

Durante esa época a nadie le interesaba que se supiera la verdad. Pero lo que me llama la atención es que después del triunfo de la Revolución a nadie se le ocurrió entrevistar a las personas que vivieron aquellos momentos, a los que perdieron a sus familiares, a los que conocían de cerca los motivos que se tenían para hacer aquel Partido. Debían haberlo hecho, creo que ya no queda ninguno vivo. Ahora yo me pregunto ¿por qué los historiadores no han profundizado en lo que pasó? Es probable que hasta la mano de los americanos estuviese metida en todo aquello. El resultado fue que Cuba quedó más dividida que nunca antes: los blancos de una parte y los negros de otra.

Los negros sentían odio y rencor por los blancos y estos humillaban y vejaban a los negros. Y así fue durante mucho tiempo.

Le decían Venus

En Banes conocí a Fulgencio Batista[25], que vivía con su familia cerquita de mi casa y que luego fue Presidente de la República. Al principio no sabía que se llamaba Fulgencio, porque todo el mundo le decía Venus. El tenía dos hermanos; a uno le decían Panchín, el otro se llamaba Hermelino. Como eran mayores —yo no pasaba de los diez años— los veía poco. Trabajaban de narigoneros* o de quimbueleros† en la «Yunai». Batista y sus hermanos no vivían con su papá. El marido de Carmela, su mamá, se llamaba Belisario. Ellos iban a mi casa a cargar agua, don Beli —como le decían— siempre regañaba a Fulgencio: «Venus, te voy a dar una mano de palos por jugar tanto.» Porque se entretenía y se tardaba para llevar el agua.

Don Belisario tenía un ventorrillo donde vendía viandas y frutas; pero era la fachada de una tienda clandestina que tenía y donde vendía de todo, pero con mucho disimulo, porque la Compañía no admitía en su territorio ningún negocio que no fuera el de ellos. La tienda de la Compañía era un gran atraco. Los trabajadores siempre debían y, como no podían pagar, no se podían ir de allí. Tenían que seguir trabajando, quisieran o no, en contra de su voluntad. ¡Aquello era una trampa!

La «Yunai» era una compañía muy poderosa, tenía muchas tierras dedicadas al cultivo de la caña y de frutas. Además de la fabricación de azúcar y mieles, poseía ganado, caballos, mulos, y animales de todo tipo. También tenía trenes y barcos. Pero qué manera de explotar a los

---

hombres y hasta a los niños, porque allí todo el mundo tenía que trabajar. A pesar de eso se vivía en una terrible miseria. Los trabajadores de la «Yunai» no eran solamente cubanos, los había también jamaicanos y haitianos.

Batista era un muchacho alegre, jovial; siempre andaba con unos pantalones cortos hechos de sacos de harina, porque doña Carmela decía que por andar siempre jugando rompía toda la ropa y la vida estaba muy difícil. Iba a la escuela por la noche, a casa de una señora que se llamaba Caridad Reyes. Sí, aquella, esa misma, a la que le regaló una casa después que se hizo Presidente. Papá Panchito fue el que le consiguió trabajo en el ferrocarril de la Compañía, donde ganaba veinte centavos diarios.

Fuera del territorio de la «Yunai» había una tienda de víveres propiedad de Emilio Galicia. Al dueño, Batista y mi primo Luis —que vivía en casa de Mamacita— le robaron un reloj de oro y una cantidad de dinero. No se qué hicieron con el reloj, pero el dinero lo escondieron dentro de una yagua que forraba la pared de la casa de Venus, y como Galicia los acusó se fueron del pueblo. Batista se cambió el nombre de Fulgencio y se puso Rubén. Fíjate como son las casualidades: el primer mártir de su dictadura se llamó así, Rubén Batista.

El tenía muy pocos escrúpulos. Cuando se hizo Presidente, mandó a construir un gran reloj en la entrada de La Güira y lo fue a inaugurar personalmente, demostrando con eso su poder y cómo burló a la justicia. El colmo de Batista fue inventarse unos antepasados indios: no quería tener de negro ni siquiera siendo Presidente de la República. Yo le quise mucho de niña, él era mi amigo. Pero cuando llegó al poder nunca acepté las barbaridades que cometió, principalmente después del golpe de estado del 10 de marzo de 1952.

Durante el tiempo que viví en Banes fui feliz, muy feliz. A Mamacita le gustaba tenerme bonita, bien vestida.

Como yo tenía unos moños* tan lindos y largos, y ella padecía de reuma y siempre le dolían mucho los dedos, pagaba para que me peinaran y me pusieran unos lazos grandes y lindos. Siempre estaba muy compuesta. Todos los recuerdos que tengo de mi abuela Mamacita son buenos, ella me pegó una sola vez porque hice una cosa sin pedirle permiso, me merecía la tunda que me dio.

Ella me había hecho una muñeca de trapo, y la quise bautizar. Cogí la libreta† y escondida de Mamacita compré muchísimas cosas: refrescos, dulces, caramelos. Hice la fiesta del bautizo en el patio de la casa con todas mis amiguitas, a las que había convidado. Allí cantamos y nos divertimos. Cuando Mamacita sintió aquello y fue a ver me dijo: «Reyita, ¿qué pasa?» Yo me quedé callada, ella encogió los hombros y puso la cara seria, pero no me reclamó nada, no me abochornó delante de mis amiguitas. Pero después que se acabó la fiesta y todo el mundo se fue, ¡ahí empezó la fiesta mía! Eso fue muy serio, ¡ay, Dios mío! eso fue muy serio.

Mamacita murió en 1917 y tuve que quedarme al frente de la casa. Allí había trece hombres que atender. Papá Panchito estaba viejo, el trabajo era muy duro para mí sola, y con la muerte de mi abuela ya las cosas no eran como antes. Unos meses después de su muerte murió papá Panchito. Al poco tiempo me fui para Cueto, a buscar a mi papá.

El vivía con una mujer que tenía tres hijos: dos hembras y un varón. Eran más o menos de mi edad, pero de lo más pesados y mal educados. Esa mujer era una depravada, le gustaba hacer cuentos colorados a toda voz y hablaba cosas desagradables con sus amigas. Como mi papá trabajaba en una panadería y ganaba poco dinero, su mujer lavaba y planchaba pago para ayudarlo. Al llegar

---

    *   Cabello.
    †   Donde se apuntaba lo que se vendía al fiado.

yo y ser otra boca que mantener, ella me obligaba a lavar y a planchar junto con ella. Y sus hijos ¡a vaguear! Aquella mujer no me gustaba.

La maestra de Báguanos

En Cueto yo me fui a trabajar en casa del señor Gastón Gayol y su esposa Pradina. Allí cuidaba sus niños, les daba clases, los atendía, les hacía cuentos, los llevaba a pasear. El señor Gayol, viendo mi interés dijo: «En Báguanos no hay maestros, todavía no hay maestros en toda esa ruta de por ahí; y fuera bueno ponerle una escuela a Reyita, tendría más discípulos.» Me llevaron a Báguanos y en una casa particular puse la escuelita. Como vieron que daba buen resultado y ellos veían el adelanto de sus hijos, decidieron hacerme un caserón sin paredes, con techo y con piso de madera. Hicieron un pizarrón y yo compré un mapa mundi y un timbre. Le decían «La escuelita». Llegué a tener sesenta y dos alumnos.

No tenía grandes conocimientos, pero tenía facilidad para enseñarles lo que sabía. Yo compraba unos libros —más bien eran unas cartillas— que se llamaban Epítome. Los había de Geografía, de Aritmética, de Gramática, de Fisiología. Eran de preguntas y de respuestas. Por ejemplo: «¿Quién descubrió la América y por qué se llama así? La América fue descubierta por Cristóbal Colón...» Y así y así; las preguntas y las respuestas. Como, por ejemplo: «¿En cuántas partes se divide el cuerpo humano? El cuerpo humano se divide en tres partes: cabeza, tronco y extremidades.» Los estudiaba por la noche y por el día le daba las clases a los muchachos. Los padres decían: «¡Mira cómo sabe esta negrita!», y se corría la voz y todo el mundo ponía a su muchacho en mi escuelita. Les enseñaba los himnos, los ponía a marchar, a hacer la rueda del caracol; en fin, aquello era como una escuela de verdad. Me hacían regalos, se me sobraban las cosas.

Los familiares de los poquitos alumnos negros que había en mi escuelita no podían pagar la mensualidad, y yo no les cobraba al ver el interés que tenían por aprender. Me sentía una persona importante. Era ¡la maestra del pueblo! Los niños me querían y sus padres me respetaban.

Del dinero que ganaba en la escuelita de Báguanos le entregaba una parte al señor Gayol y con la otra me daba algunos lujos, fundamentalmente con la ropa que me compraba. También hacía mis ahorros, tenía que pensar en el futuro. Yo tenía cuando aquello quince años.

Pero «la felicidad dura poco en casa del pobre», dice el refrán. Al inaugurarse la escuela pública allí, mi castillo de arenas se lo llevó el mar. ¿Adónde ir? No me quedó más remedio que ir para Santiago de Cuba; atrás quedaban esos dos años en que fui tan feliz. El mismo día que me marché, a mi salida del pueblo comenzaba a sonar la sirena que anunciaba la inauguración del central*.

Hablándote de todo aquello recuerdo una vez, cuando vivía en Barracones, muchos, pero muchos años después de que me fui de Báguanos, que iba por la calle y siento: «Señorita, señorita» y cuando miro para atrás, era un hombre que me dijo: «¿Usted no se recuerda de mí?» Era uno de mis alumnos de aquella escuelita. Era electricista y trabajaba y vivía aquí. ¡Qué contenta me sentí porque se acordaba de mí! Eso fue un premio. Ese era mi «título» de maestra.

Un gran éxito

Viví en casa de mi prima Carmen Duharte. Ella lavaba pago la ropa de cama del hotel Imperial; las sábanas que lavaba yo las tenía que planchar y me pagaba un peso. ¡Qué abuso!, planchar veintiuna sábanas por un peso. Su

---

* Hoy «López Peña».

hija, Emelina, tenía un profesor que le daba clases para prepararla para el examen de ingreso al bachillerato. Como yo tenía tantas ansias de aprender y de ser algo en la vida, ponía la tabla de planchar cerca de donde le daban las clases. Cuando el profesor llegaba, dejaba apagar el fogón para que pareciera que no planchaba porque estaba esperando que se encendiera el carbón —en aquella época se usaban planchas de hierro y se calentaban con carbón—, así podía atender las clases.

Yo captaba todo lo que él decía, y cualquier palabra que no entendía la escribía con disimulo y después la buscaba en el diccionario. Por la noche, cuando todo el mundo se acostaba a dormir, cogía los libros de Emelina y me ponía a estudiar alumbrándome con un quinqué. Así pasó el tiempo, y cuando llegó el día en que el profesor Cecilio Serret —así se llamaba— le hizo la prueba a Emelina, muchas de las preguntas ella no las sabía contestar. A mí me daba pena y trataba de soplarle las respuestas. Algunas las oía bien y las contestaba, otras no. El profesor se dio cuenta y me dice: «¿Cómo es que usted le sopla, si las clases se las doy a ella y no a usted, que siempre está ahí planchando? Le voy a hacer un examen para ver si ha captado las clases que yo le doy a Emelina.» Me hizo el examen y aprobé.

El profesor Serret hizo todas las diligencias para que ingresara en el instituto*, porque él decía que era una lástima que una persona tan inteligente no pudiera estudiar. Aprobamos las dos. Había que ir con zapatos de glasé, medias de hilo, falda de guarandol amarillo y un sombrerito. Yo no podía comprarlo, lo que ganaba planchando no me alcanzaba. No me llegué a inscribir, ¡sin uniforme no se podía ir! Le supliqué a Carmen Duharte que me facilitara el dinero, que trabajaría en lo que fuera en las horas libres para pagárselo, pero ella no aceptó. Hablé con otros

---

*   Centro de Segunda Enseñanza.

miembros de la familia, pero sólo conseguí que dijeran: «Esta negrita se ha vuelto loca.»

Como es natural, mi mamá también se enteró; y además de mostrar indiferencia, se sumó al comentario. No me sentí aplastada, no, ¡aquello había sido un éxito para mí! Fue lindo saber que podía, aunque no se materializara. Me puse muy triste, pero me recuperé pronto: era joven, podía emprender otro camino. Había cumplido dieciocho años.

Capítulo 2

Recordar es un viaje,
regresando
a aquel pueblito en el que pasó algo
además del tiempo

Reyita recuerda momentos felices con su hijo Juan Antonio, "Nené"

Por qué me casé con un blanco

Yo le tenía y le tengo mucha fe a la Virgen de la Caridad del Cobre[26]. Un día me arrodillé con su imagen abrazada y le pedí un marido blanco, bueno, trabajador, sin familia que se avergonzara de mí por ser negra. Sé que tú comprendes por qué me quise casar con un blanco. Y está de más decir, ahora, que amo a mi raza, que amo a los negros, pero casarse con un blanco en aquella época era vital. La Virgencita me lo concedió joven, buen mozo, lindo, trabajador. Tenía muchas virtudes, no era fiestero ni tomador ni mujeriego. A cambio de esa petición le prometí a la Virgen poner su imagen —en la sala de la casa que yo tuviera cuando me casara— ¡de frente a la puerta de la calle!, para que todo el mundo la viera.

Cuando en 1920 regresé a Cueto, puse una escuelita en la casa para ganarme la vida; por las mañanas, tenía una docena de muchachos, y por las tardes les daba clases a los hijos de los dueños del hotel Cuba y España —Miguel Muñoz y Manuel Carderrosa—. Ellos me cogieron mucho afecto. Al tiempo necesitaron una camarera en el hotel y me lo propusieron.

Fui a trabajar allí y ahí mismo vivía. Me llevaba bien con los dueños y, como trabajaba bastante, no tenía dificultades. Era una persona sociable y agradable. Me reía por todo y nunca estaba de mal humor, además siempre estaba cantando. Había un hombre que todas las tardes iba a jugar a una sala de billar que estaba en los bajos del hotel. Cuando yo bajaba o subía la escalera, él ladeaba la cabeza hacia arriba, para mirarme, ¡eso me daba una rabia! Me molestaba mucho, yo estaba obstinada de que hiciera eso.

Se llamaba Antonio Amador Rubiera Gómez, tenía veintiocho años, era telegrafista de la compañía ferroviaria *Welfargo*. Cansada de aquello, un día cuando se puso a mirarme le dije:

—Si quiere mirar, ¡mire! —Y me levanté el vestido. En aquella época se usaban pantalones bombachos, enaguas, sayuelas y corpiños interiores.

Y cuando hice eso, él subió los escalones corriendo, detrás de mí, me agarró y me cayó a besos, al principio me molestó:

—Si no me sueltas voy a gritar —dije. Pero él no me hizo caso y me siguió besando. ¡Ay, Dios mío! El me hizo sentir algo, ¿tú sabes?

—¡Bésame! —yo lo besé.

—Entonces, ¿eso quiere decir que me quieres y que ya somos novios?

Al principio yo no acepté, pero él siempre insistía. Yo tenía unos moños muy lindos, largos, y me decía:

—¡Mira que cabeza más linda tienes! A ver, sonríete.

—No tengo ganas de sonreírme. —Tanto daba hasta que me hacía reír.

—¡Preciosa dentadura!

Y así y así, hasta que me di cuenta de que lo quería. Como yo vivía en el hotel él habló con los dueños para preparar la boda, y a los pocos meses nos casamos. Arreglaron un salón con flores, cake, bebidas, trajeron el notario; en fin, ¡nos casamos! Fue una actividad sencilla, pero que tuvo mucha significación para mí. Vislumbraba una estabilidad, el hogar que nunca tuve, sin que nadie me discriminara ni se avergonzara por el color de mi piel ni por mis labios, o por mi nariz; en fin, que iba a entrar en la gloria. ¿Que si tu abuela fue al matrimonio? No me molesté en mandárselo a decir. Allí no había nadie de mi familia ¿para qué? Lo que me estaba jugando era mi destino, mi futuro; ya se lo avisaría a su tiempo. Corría cuando aquello 1923.

Como Rubiera era blanco y no tuvo reparos en casarse conmigo, al plantearme ir a Cárdenas para conocer a su familia yo pensé que serían de la misma forma de pensar que él. Su papá se llamaba Rufino, era asturiano, de Gijón, provincia de Oviedo, y su mamá era dominicana, hija de un asturiano, también de Gijón, se llamaba Carlota*; él tenía solo una hermana†. Realmente no los llegué a conocer.

Cuando aquella señora‡ abrió la puerta, él le dijo:

—Mamá, ¡esta es mi esposa!

—¿Cómo? ¡Una negra! A mi casa ni entra. —Y nos tiró la puerta en la cara.

La vergüenza que pasé fue tan grande, me sentí tan humillada, que salí corriendo. Rubiera me alcanzó en la otra esquina, trató de explicarme, pero aquello no tenía explicación, por tanto yo decidí regresar de inmediato a mi casa.

—¡Quédate con tu familia!

—Reyita, estoy muy apenado por la actitud de mi mamá, pero te juro que nunca más tendrán la oportunidad de humillarte. Ellos han muerto para mí porque nunca más volveré a esta casa.

Así lo hizo, no fue a Cárdenas ni cuando sus padres murieron§. Volvió cuando ya ustedes estaban grandes y lo obligaron a ir junto al lecho de muerte de su hermana María Julia**.

---

* En realidad, era cubana.

† Rubiera, además de María Julia, tuvo otros dos hermanos de los que nunca habló: Domingo Rufino, nacido en 1898 (se desconoce fecha de su muerte, que ocurrió a temprana edad) y Rufino (1903-1929). Véase *Nuevas Verdades*.

‡ No pudo ser Carlota. Había fallecido en 1915.

§ El padre falleció en 1936.

** María Julia no murió en esa fecha, sino en 1980. Véase *Nuevas Verdades*.

Cuando regresamos a Cueto comenzó mi nueva vida. Tenía un esposo, una casa y me sentía segura. Fui con Rubiera a Santiago para que conociera a mi mamá y a mis hermanos. Isabel se sintió muy contenta, en primer lugar porque él era blanco y sus nietos no serían negros prietos; me felicitó por haber entendido lo importante que era adelantar la raza y, en segundo lugar, porque estabilizaría mi vida

¿Doña de qué? ¡Reyita!

En Cueto, donde viví siete años, tenía una casita de madera con el techo de zinc y una amplia ventana que daba al frente, para un jardincito que sembré de rosas. Siempre me han gustado las flores, por eso desde que tengo casa las he sembrado; me doy mucho gusto con eso. También tenía un bonito juego de muebles de mimbre y hasta un fonógrafo. El día de mi primer cumpleaños después de casada Rubiera me regaló un mantón de manila, porque nuestra situación económica era bastante holgada. En aquella casa nacieron mis dos primeros hijos. Rubiera siempre me decía:

—Yo quiero una docena de hijos, para tener una familia grande.

—¡Ay, viejo! ¿No crees que serán muchos?

—No, Mima, yo quiero tener doce hijos.

Yo nunca los evité. Mis hijos se llevan dos años cada uno, porque mientras daba pecho no me bajaba la regla*. Tata le lleva tres años a Monín, porque a ella no le gustaba comer y mamó durante todo ese tiempo.

Cuando mi primer parto una vecina blanca me fue a ver y me llamó la atención el énfasis que puso cuando dijo:

—¡Ay, qué prieto es el niño! —Y eso que los hijos de los negros nacen claritos y a veces medio blanquitos.

---

*   Menstruación.

El mismo día en que la blanca me fue a ver, pero por la tarde, llegó Marcelina, una vieja con la que me llevaba muy bien. Era una negra, sirvienta de la casa de unos blancos. Como en aquel lugar a casi todo el mundo le decían don o doña — don José, doña Amalia, doña Caridad— y yo veía que a mí no me lo decían, le pregunté :

— Marcelina,¿ por qué si yo soy una mujer casada, y con un blanco, a mí no me dicen doña? —Ella sonrió con tristeza y me respondió:

—¿Por qué te van a decir doña? A esa gente le dicen doña porque son blancas y tienen dinero; pero a ti, negra prieta —y casada con blanco, sí, pero pobre— ¿doña de qué? ¡Reyita!

En esos momentos no la entendí muy bien, yo era muy inocentona, después sí; ¡y de qué manera! Ahora tengo muchos bienes, pero no materiales, sino espirituales: mis hijos y mis nietos ¡qué lindos! Los hay maestros, médicos, ingenieros, profesores, técnicos, obreros. No tengo borrachos ni ladrones. Me siento rica, y ni con esa riqueza tan grande me gusta que me digan doña, prefiero ser Reyita, sencillamente Reyita. ¿No es verdad? Es más bonito.

Aquello que pasó cuando Marcelina me fue a visitar no enturbió mi felicidad. El tiempo pasaba, ya tenía hijos que crecían sanos y fuertes; cuando peinaba a las niñas siempre me acordaba de mi mamá. Ellas tenían el pelo largo y con pocos rizos.

Mis vecinos —en su mayoría blancos— discriminaban a Rubiera por haberse casado conmigo; y los negros, aunque reconocían que casarse con blanco «era un paso de avance», tenían ciertos recelos, porque Rubiera no era amigo de que estuviera metida en casa ajena y tampoco le gustaba llegar a la de él y encontrar a la gente «cuchicheando», como decía.

Yo nunca supe por qué nos mudamos de Cueto para una casita de madera con piso de tierra que Rubiera hizo en un potrero de una finca ganadera cerca de Marcané. Se la dejaron hacer a cambio de que nosotros cuidáramos los animales —eso yo lo hacía con los muchachos, que estaban bastante chiquitos—, porque él seguía trabajando en el ferrocarril. Allí se me echaban a perder mis muebles y casi todas mis cosas. En esa etapa Rubiera estaba un poco violento. En una ocasión en que yo hice una panetela para comer de postre en la comida, cuando puse la mesa les serví un plato de sopa a cada muchacho —Pura y Chichí—. No se la querían tomar, querían primero el dulce, tu papá les decía:

—¡Que se tomen la sopa!

—No queremos sopa, queremos dulce.

—¡Que se tomen la sopa!

—No, ¡queremos el dulce!

El se molestó de tal manera, que cogió la panetela con bandeja y todo y la tiró por la ventana. ¡Qué dolor me dio! Con tanto amor que la había hecho.

Yo estaba embarazada y un día mi amiga Luisa me fue a ver —ella era mi vecina allá en Cueto—. Al ver en las malas condiciones en que vivía se enfrentó a Rubiera, porque consideraba que yo no podía parir allí. Fue tanto lo que le dijo todas las veces que me fue a visitar, que él decidió mudarnos otra vez para Cueto. Para felicidad mía volvimos a la misma casa que teníamos antes; allí nació tu hermana Tata, a la que nombramos Antonia porque la tuve el día del cumpleaños del viejo. No sé por qué razón la situación económica de nosotros empeoró tanto, ya que Rubiera seguía trabajando en el mismo lugar .

A pesar de que tu papá era tranquilo en cuestiones de mujeres, una vez supe de la existencia de una que tuvo y que estaba esperando un hijo. Oí decir que ella era muy pobre, y en medio de mis limitaciones y con la ayuda de mi amiga Luisa le preparamos la canastilla. Yo le pedí a la Virgen que no permitiera que otra mujer me quitara a mi marido. Se lo pedí con fervor y de corazón. ¡Ay muchacha!, aquella mujer se murió y dicen que de sed, no lo sé exactamente. Tampoco supe si el hijo sobrevivió o no. Lo cierto es que a partir de aquello yo nunca le he pedido nada a la Virgen que pueda tener un desenlace fatal: siempre he vivido con el complejo de culpa de que aquella mujer murió por lo que yo había pedido.

Con todas las altas y bajas que tuvimos en nuestros cincuenta y cuatro años de casados, Rubiera y yo seguimos juntos hasta su muerte, ocurrida en 1975.

¡Préstamelo, virgencita!

Rubiera cambió su trabajo para Bayamo porque le quisieron echar una culpa de algo que él no había hecho, se incomodó y se trasladó de lugar. Allí vivimos en una humilde casa de la calle General Capote. La vida no se diferenció mucho de la que llevé en Cueto: atender mi casa y a mi familia; allí nació mi cuarto hijo, Monín (Anselmo). Lo más significativo que me ocurrió fue su enfermedad: nació pesando once libras y a los siete meses pesaba once libras y media. Tenía distrofia y otra enfermedad con un nombre muy raro.

Lo atendía el doctor Pedro Ramos; y le había puesto una rigurosa dieta a base de bacilos. En una ocasión dijo que era probable que el niño no se salvara, sufrí mucho aquella situación. Un día amaneció quejándose mucho y cada vez que veía a alguien comiendo se desesperaba. Por el mediodía no había quien lo hiciera callar; yo no sabía qué hacer y una vez más solicité los favores de mi tan querida Virgencita; me arrodillé y le pedí:

—¡Virgen mía!, no dejes que se muera mi hijito. ¡Sálvamelo! ¡Préstamelo aunque sea hasta que lo vea hecho un hombre!

Por la noche tuve un sueño y cuando me desperté lo puse en práctica: era la solución —ella me la daba de esa manera—. Me levanté y fui a buscar una papayita*, la pelé y la piqué en cuatro, boté uno, puse a hervir los de-

---

* Diminutivo de papaya, fruto del papayo. Conocida por fruta bomba en las provincias occidentales de Cuba.

más, con aquella agua ligué la leche a partes iguales y se la di a Monín. ¡Con qué ansias se la tomó! Al terminar se desmayó, yo pensé que se había muerto y comencé a gritar:

—¡Lo maté, lo maté, he matado a mi hijo!

La casa se llenó de vecinos y uno de ellos fue a buscar a Rubiera: llegó con el médico. Cuando Ramos reconoció al niño dijo que estaba vivo y me preguntó qué le había dado. Le expliqué y me dijo:

—Dentro de tres horas repítele la dosis, si pasa algo me mandas a buscar; si no, síguesela dando, yo volveré por la mañana.

El niño asimiló bien sus tomas de leche y así fue arribando y arribando* hasta que estuvo fuera de peligro y se puso de lo más lindo.

La pobreza que existía en Cuba —en aquella época— hacía que los pobres les tuvieran mucha fe a los remedios caseros; por eso abundaban tantos curanderos, o las personas que como yo, por fe, tratábamos de curar a nuestra familia con hierbas y raíces.

Antes del pasaje del agua de papaya, fueron a mi casa los dueños de una lechería —comenzaba el asunto de la leche pasteurizada—. Ellos querían que yo les alquilara mi niño flaquito, para pasearlo por la ciudad a manera de propaganda, acostado en una cunita montada sobre un carro, para con eso tratar de demostrar que la leche pasteurizada no era buena y que la gente siguiera comprando leche fresca. Como es natural, no sólo me negué, sino que los insulté y los boté de mi casa. Lo último que me dijeron fue:

—Señora, es una oportunidad que usted pierde de tener una entrada más de dinero con qué alimentar a sus hijos.

—¡Váyanse al carajo! Lo que tienen que hacer en vez de gastar tanto dinero en propaganda, es vender la leche

---

*   Desarrollarse físicamente una persona poco a poco.

más barata para que los niños pobres estén más nutridos y no se mueran de hambre. Y no estar pensando solamente en hacerse ricos.

Aquel incidente con Monín le costó el puesto a Rubiera, porque como dejó de trabajar y se fue sin pedir permiso ni nada, lo botaron. Sus jefes no tuvieron ni una pizca de humanidad ni de comprensión: a ellos no les importaba la salud del hijo de uno de sus trabajadores; lo que les interesaba era que se trabajara, para ellos ganar más dinero.

Rubiera decidió cambiar de ciudad y vinimos para acá, para Santiago, para donde traje, además de su desempleo y mi numerosa familia, la deuda con la Virgen por la vida de Monín. ¿Cuándo me la cobraría? Y me la cobró, pero por la forma que fue, comprendí que ella siempre me protegió.

Alquilamos una casita en el reparto Mariana de la Torre. Las paredes y el piso eran de madera, estaba en medio de un gran solar yermo, tenía altos y bajos, y dos grandes ventanas que daban para el frente; el techo era de zinc. Imagínate cómo era esa etapa de la vida de nosotros: tu papá sin trabajo y con cinco bocas que mantener. Tuve que ponerme a lavar y a planchar pago. Pero lo que más me ayudó fue la siembra, pero eso no fue enseguida.

El terreno que rodeaba la casa lo sembré de quimbombó, maíz, calabaza, ñame y yuca. Además de servirnos de alimento, vendíamos una parte a los vecinos, que eran tan pobres como nosotros. Con eso íbamos tirando. En esos momentos Rubiera había conseguido trabajo como chofer de un carro de recoger basura. Ganaba muy poco, entre los dos conseguíamos el dinero para el sustento de la casa y de la familia.

Lo que nunca hice fue ir a llorarle miseria a mi mamá y a mis hermanos. Ellos nos visitaban de vez en cuando. Ese día yo me esmeraba en atenderlos para que se llevaran la impresión de que todo marchaba bien. Ellos no eran ciegos y si no querían ver, que no vieran. Al cabo de un tiempo, el viejo consiguió trabajo como oficinista del *Expreso Velar*. Nos mudamos para una casa mejor en el mismo reparto. Nacieron mis otros cuatro hijos, entre ellos tú. De ahí nos mudamos para frente al expreso donde trabajaba tu papá. Era en la calle Carlos Dubois, más conocida como Barracones. Vivíamos en la frontera con la zona de tolerancia*. Eso a él no le preocupó, era muy recto y nosotros estábamos acostumbrados a vivir dentro de la casa.

Barracones

Barracones era una calle muy pintoresca. Era estrecha, allí morían las lomas de Santa Rita, Santa Rosa y Santa Lucía. Si mirabas para abajo veías el mar. Para arriba, los techos de tejas y los balcones santiagueros. En aquel barrio había muchas familias pobres, pero muy decentes. Barracones era como la calle principal de las prostitutas. Ellas siempre pasaban frente a mi casa. A ti te llamaban mucho la atención. Recuerdo cuando me preguntabas:

—¿Quiénes son esas mujeres tan arregladitas?

—Son trabajadoras de una fábrica de fideos que hay cerca.

—Cuando yo sea grande voy a trabajar en esa fábrica.

De Barracones recuerdo los pregones de los vendedores ambulantes: «Raspadura de maní por botella yo cambio; con el pico o con la bemba partida, yo cambio...»

O este otro: «Ayaca† caliente, con picante o sin picante vamo`a ver...»

Ellos luchaban por la subsistencia, pero en un barrio pobre, por lo que a veces regresaban a sus casas sin llevar

---

* Zona donde en los pueblos y ciudades permitían a las prostitutas vivir y ejercer su comercio carnal.

† Tamal (maíz tierno molido y aliñado, cocido envuelto en hojas de esa misma gramínea).

la peseta* para poder comprar lo que iban a comer ese día.

También recuerdo a los personajes aquellos, muy típicos: *Arbolito*, un negro medio loco, alto, fuerte, siempre vestido con un traje negro y un abrigo largo —como a los que en las películas les dicen gabardinas—, muy sucio; el pelo largo y lleno de moticas de lana. Él conservaba, parece que de su época de lucidez, una dignidad tremenda en la forma de pararse y de llevar la cabeza en alto. No se me olvida tampoco *Cueco-duro*. Era una mujer negra de mediana estatura, bastante joven, desquiciada. Los hombres se aprovechaban de su demencia para vivir con ella en cualquier parte. Tenía varios hijos. *Cueco-duro* era loca, pero nunca permitió que la separaran de sus hijos: a esos los defendía como una leona. *Garrafón* era otro; bajito, gordo, aindiado, con el pelo largo. Le decían así porque estaba herniado y los bolsones† se le balanceaban a medida que caminaba. Era vendedor de cintas, las que se colgaba de los hombros y de los brazos y, además, las llevaba en las manos. No era simpático, siempre estaba de mal humor.

El más famoso de todos era... Era no, es, porque está vivo: el *Diablo Rojo*. ¡Todo un personaje! Alto, delgado, muy simpático, fuerte. Se dedicó a hacer propaganda a diferentes productos comerciales. Recorrió toda Cuba en patines. Enseñó a patinar a decenas de niños santiagueros. Todo el mundo lo conoce. Ahora se dedica, montado en sus patines, a regular el tránsito frente a una escuela que está en la calle Trocha, a la hora de entrada y salida de los niños, porque el *Diablo Rojo* adora a los niños.

---

*   Moneda cubana de veinte centavos. En sentido figurado, lo mínimo para subsistir.

†   Testículos.

Barracones tenía una musicalidad muy especial. La música de los traganíqueles*, la bronca de los borrachos, los pleitos de algunas mujeres con sus hijos, con sus maridos o con algún vecino. El sonido del tolete† de la policía cuando golpeaba el poste de la luz. En fin, vivir en Barracones era vivir en un lugar muy especial.

En ese barrio se encontraba la Plaza del Mercado, adonde yo iba todos los días a hacer mandados. En ese lugar conocí a una mujer que lavaba y planchaba en casa de unos blancos, era de San Luis. Ella tenía un hijita a la que no podía llevar al trabajo, los patrones no se lo admitían. La niña se llamaba Silvia. Yo me ofrecí para cuidársela y estuvo en mi casa varios años.

En la Plaza hice relaciones de todo tipo y amistad con muchas prostitutas. Pude conocer nuevas facetas de la miseria y, sobre todo, conocí de las diferentes formas con que los pobres se ganaban la vida; entiéndase por vida, la subsistencia. Había de todo: puestos de comida cocinada, de viandas, de frutas; carnicerías con todo tipos de carnes; pescaderías, pollerías; en fin, de todo. Allí tú podías comprar desde una aguja de coser hasta un serón para caballos. Te encontrabas desde un limosnero, hasta un cantante de décimas. Prostitutas, chulos, jugadores, billeteros y, sobre todo, allí se hacía todo tipo de negocios.

Pero la pobreza se veía en toda su magnitud. Hombres y mujeres buceando en las pilas de deshechos de las viandas, para poder, con unos quilos, llevar algo de comer a sus hijos. La carne que compraban los pobres era a la que le decían *carne de soguita*, que no era otra cosa que los pellejos que les quitaban a las bandas de las reses y que llevaban sus pedacitos de carne. Se utilizaba para hacer sopa, era muy barata.

---

* Tocadiscos situados en lugares públicos. Funcionaban automáticamente al insertar una moneda y seleccionar el disco deseado presionando un botón.

† Garrote corto que usaba la policía.

Pero había más que ver en la Plaza. Unos puestos donde vendían ropas usadas, zapatos viejos; mejor dicho, fuera de moda. También alquilaban sacos de hombre para los que iban al Vivac —cárcel transitoria, que estaba en la esquina de la Plaza—, porque allí no se podía entrar sin saco. Nunca se me ocurrió preguntar por qué tenían ese requisito.

Me llamaba la atención cómo vendían los zapatos colegiales —los que usaban algunos pobres—: les abrían un huequito en el contrafuerte y le pasaban un hilo grueso para amarrar los dos pies, entonces los colgaban en un palo; parecían un arbolito con luto. A esa venta le hacía la competencia la de las alpargatas. Es increíble, los zapatos costaban noventa y nueve centavos; y las alpargatas, cincuenta; y con todo lo barato que aparentemente eran, había un sinfín de niños descalzos y de mujeres y hombres cutareando*.

Hubo un lugar famoso frente a la Plaza: era una fonda de chinos llamada «El Pacífico». Siempre estaba llena, trabajaba las veinticuatro horas del día; cocinaban muy bien aquellos chinos. Muchos pobres comían allí, porque ellos vendían por sólo veinte quilos una *completa*: un plato donde se servía toda la comida junta. La policía era permanente en la Plaza para evitar robos, broncas; para perseguir a los boliteros† y a los apuntadores de charadas‡

Pero, ¿quién los perseguía a ellos? Porque eran los más ladrones, los más jugadores, los más descarados. Por todo les tenían que pagar. Todo el mundo les tenía que pagar: los boliteros, los chulos; esa era la policía, cuidaban muy bien el «orden».

---

* Calzarse con cutaras. Sonar la cutara (o chancleta) al caminar.

† Persona que recoge apuntaciones para un juego prohibido llamado *bolita* (lotería ilegal).

‡ Juego prohibido sobre la base de un enigma que se ha de adivinar.

Las prostitutas

En esa Plaza del Mercado conocí a muchas personas. Algunas con una pobreza espiritual muy grande, ¡esas eran las prostitutas! Ellas «trabajaban» de noche, dormían la mañana, por eso no cocinaban. Como yo, en mi lucha por la vida, había puesto un tren de cantinas* muchas de ellas me fueron a ver para que les hiciera la comida. De aquellas relaciones conocí a Dalia y a Delia. ¡Qué buen corazón tenían! Se encariñaron mucho con mi familia, tanto, que una te bautizó a ti y otra a tu hermana Carlota. Muchas de esas mujeres no eran malas. Diría que casi todas fueron víctimas del sistema imperante en nuestro país.

La mayoría eran campesinas o de otros pueblos. Los chulos iban a esos lugares y las enamoraban, las traían engañadas para Santiago y luego las metían a esa vida. Yo no justifico la prostitución, siempre uno se puede ganar la vida decentemente, pero en aquel sistema todo era muy difícil. Había algo que siempre me llamó la atención. Había prostitutas blancas, mulatas y negras. Las más cotizadas eran las blancas, pero las más maltratadas y peor pagadas eran las negras: ni para eso a los hombres les gustaban mucho las negras.

Las prostitutas también tenian su categoría. Las había que tenían una casa muy bien preparada y ahí desarrollaban su actividad. Otras vivían en prostíbulos colectivos donde eran explotadas por la dueña de la casa —la matrona—, la que generalmente no era una prostituta activa. Estaban las que vivían en cuarticos pequeños y hasta en mal estado, y las que trabajaban en las academias de baile†. De acuerdo con su categoría, así ganaban;

---

* Tren de cantinas: lugar donde se elabora y se sirve comida para llevar a domicilio. En Cuba se conoce por *cantina* al recipiente denominado portaviandas o fiambrera.

† Lugar donde se practicaba la prostitución enmascarada con el baile.

y llevaban, desde el punto de vista económico, una vida más o menos difícil. Pero todas eran unas desgraciadas, marginadas, discriminadas. Era difícil entender cómo podían llevar aquella vida.

Me hice cargo de Bubú, el hijo de una prostituta. Cuando me lo llevó para la casa estaba lleno de granos. Era un niño rubio muy lindo. Cuando se curó se puso precioso. Después me llevaron a Felito, también blanco. Yo no cobraba nada por cuidarlos, solamente que sus madres me ayudaran con la alimentación de sus hijos. Lo que me inspiraba a hacer aquello era mi sentido de la humanidad y los tristes recuerdos de mi niñez. Así crié veintiún niños, en un período de quince años. Cuando aclaro que algunos de aquellos niños eran blancos, es para significar que el problema fundamental, en Cuba, no era solamente ser negro, sino ser pobre.

De aquellos niños, los que más tiempo estuvieron conmigo fueron los hijos de Marta —nombre supuesto, porque ella está viva y no sé si le gustará que mencione el verdadero—. La conocí una mañana, cuando subía la escalinata de la Plaza. Ella estaba sentada allí llorando. Me llamó la atención. Una muchacha blanca, tan linda ¿por qué lloraba así? Me acerqué y le dije:

—Mi hijita, ¿qué te pasa?

—¡Déjeme tranquila! A mí no me pasa nada, no es por nada .

—Si no te pasa nada, ¿por qué estás llorando? ¡Anda, confía en mí! Dime por qué estás llorando, qué te pasa —entonces lloraba y sollozaba más. Le pregunté:

—¿Tú quieres ir a mi casa? Allí estarás mejor que aquí.

—Y me respondió con un movimiento de hombros queriéndome decir que le daba lo mismo. Yo subí a hacer los mandados y cuando bajé ella estaba allí todavía y le dije:

—Vamos, vamos a mi casa. —Y cuando llegamos, ella empezó a llorar de nuevo.

—Dime, dime mi hijita, ten confianza en mí, dime qué te pasa.

—Son tantas las cosas, señora.

—¿Tú te quieres dar un baño para que te refresques? Le preparé un baño de agua tibia. Le di una bata y una sayuela mía para que se la pusiera. Le preparé una taza de café con leche bien caliente. Se la tomó y se acostó, y me comentó:

—¡Qué tiempo hace que yo no tenía donde recostarme, ni quien me consolara!

Yo le pasaba la mano, así, así, hasta que se quedó dormida. Como a las dos horas despertó y me dijo:

—Yo no sé cómo voy a pagarle esto. —Y entonces me contó lo que le pasaba. Muy triste, muy triste historia. ¡Ay, Dios mío!, pobre muchacha. Ella vivía en Bayamo. Era muy pobre, estaba divorciada y tenía tres hijos: dos hembras y un varón, de dos, tres y cinco años. Un día conoció a un hombre que le dijo que si quería trabajar en Santiago, él la podía ayudar. Ella aceptó y vino para acá y aquel hombre la llevó para el prostíbulo.

La historia de siempre: cuando su familia se enteró, la despreciaron. No la dejaban ver a sus hijos. Como ella quería tenerlos, yo me ofrecí para cuidárselos. Estuvieron conmigo hasta que salieron casados de mi casa. Marta también se casó; conoció a un extranjero que había venido a vivir a Cuba, él se enamoró de ella y la sacó de esa vida. Ellos me quieren mucho y me dicen abuela. Esos muchachos ya tienen hasta nietos. Todos me quieren mucho.

A Rubiera aquello no le gustaba nada. Protestó mucho y trató de prohibírmelo, pero sin resultado. Yo le decía que pensara en sus hijos, y que si algún día se vieran solos, sería muy bueno encontrar a alguien que los amparara. Y así, hasta que lo convencí... O me dejó por imposible. Además, él ni los mantenía ni luchaba con ellos. Por otro lado, ya él no era tan celoso como antes con las cosas de la casa. Y sobre todo, él nunca entendió por qué yo hacía aquello, por qué no les cobraba ni un centavo a aquellas mujeres. El nunca comprendería que yo era una madre también, lo que era ¡el dolor de una madre! No, él nunca comprendió aquello.

Silvio, Saraza y Juan Pesca´o

Era muy común, en la calle Barracones, ver subir y bajar a los patos*. Ya tú sabes, ellos no tenían que anunciarse, uno los reconocía fácilmente por su forma de hablar, de caminar, de gesticular; en fin, se sentían mujeres y como tales actuaban. Yo tuve tratos con tres de ellos, porque casi siempre comían en la fondita que tenía en mi casa. Eran muy tranquilos y se comportaban bien. Había dos que eran muy educados. Los recuerdo bien, me parece estar mirándolos: Silvio, *Saraza* y *Juan Pesca'o*.

Saraza era peluquero, tenía unas manos maravillosas para su oficio. Ganaba mucho dinero; imagínate, era el peluquero de la mayoría de las prostitutas. En aquella época se usaban mucho los peinados con bucles, los hacía preciosos. Era un tipo trigueño, alto, buen mozo, muy fino; eso le venía muy bien con su condición de homosexual. A *Saraza* no le gustaba que los hombres lo agitaran† y cuando alguno quería tener problemas con él, les decía:

—¿Cómo es la cosa? ¿Como hombre o como qué? —Y si el hombre le guapeaba, se enredaba a los piñazos. No le gustaba que lo chantajearan por su condición de homosexual. Decía que como no se metía con nadie, había que respetarlo.

Silvio era un mulato alto, bien parecido. Trabajaba en un almacén. Era una persona bien educada y muy cuidadosa a la hora de hablar. Nunca supe donde vivía, pero después de que caía la noche y los fines de semana siempre estaba por Barracones.

---

*   Hombre homosexual.
†   Lo presionaran.

75

Juan Pesca'o era un jaba'o* alto y delgado, muy jaranero.

De poca instrucción, pero sabía comportarse fuera del medio donde se desenvolvía como homosexual. Yo no sabía en qué trabajaba ni dónde vivía. Las relaciones de ellos conmigo, como te dije, eran debido a que comían casi todos los días en mi fondita. Además, porque tu hermana Pura les hacía los vestidos que usaban durante los carnavales.

Era muy usual que en las fiestas carnavalescas los hombres se disfrazaran de mujeres. Oportunidad esperada por los homosexuales para vestirse de mujer. Ellos se preparaban muy bien para esos días. Se compraban pelucas, zapatos de tacones altos, carteras, abanicos, aretes y collares y los trajes que se hacían —muchos de ellos— eran una belleza. Los hubo quienes se hacían varios, pues las fiestas duraban muchos días. Pura le cosía a Silvio, a *Saraza* y a *Juan Pesca'o*. Los trajes que se hacían eran largos, acorde con la moda. De encajes, de tafetán, de tul nylon; en fin, que cuando salían con todos aquellos atuendos, si no los conocías parecían verdaderas mujeres. Pero su condición no la podían esconder, precisamente por el tipo de vestuario que usaban. Ninguna mujer iría a carnavalear con ese tipo de ropa. Lo que sí es cierto es que aquellos individuos fueron unos personajes típicos en los carnavales santiagueros hasta 1959.

Y fueron famosos

Allá en Barracones, había una cuartería† que se llamaba «La Salvación». Era una casa grande de dos pisos, con una entrada muy amplia y un patio interior muy grande. Los cuartos, unos al lado de otros, en forma de U, en los

---

*   Jabada/o. Mulata o mulato de piel y pelo rojizos.

†   Edificación compuesta únicamente de cuartos. Casa de vecindad.

altos y en los bajos. Allí vivían gentes de todo tipo y de todos los colores. De vez en cuando, una bronca entre familia o entre vecinos. También, algunas veces, una que otra rumba colectiva.

Yo conocí a todos los inquilinos de «La Salvación». Allí conocí a Olga Guillot[27], la que después fue una cantante tan famosa con disco de oro y todo. En aquel lugar vivía una hermana de ella, a la que le decían Cucha. Olga la visitaba a menudo. Cuando la descubrieron como cantante y se hizo famosa, Cucha también se fue para La Habana y nunca más se supo de ella.

En «La Salvación» vivió un buen tiempo un matrimonio: Celina y Reutilio[28], ellos cantaban puntos guajiros. El tocaba la guitarra y ella una clave. Cantaban en los bares, en los comercios, en los parques, y luego pasaban el cepillo para recoger el dinero que la gente les daba por su actuación. Eran muy jóvenes. En una ocasión fueron a La Habana, creo que a presentarse en un concurso, o a actuar no se dónde. Lo cierto fue que no regresaron. Con el tiempo se hicieron famosos. Ya tú sabes que muerto Reutilio, Celina siguió su carrera artística, primero sola y después con su hijo. Es famosa, muy famosa. La reina de la música campesina. Me gusta oírla cantar. Me da gusto ver como se impuso y llegó a la cima.

En aquella cuartería vivían unos cuantos trovadores; entre ellos, uno al que le decían Cucho, *el Pollero*[29]. Era muy bueno cantando y componiendo canciones. Ensayaban en el patio de la cuartería. En una ocasión fui a llevarle una ropa a Cucho —porque él era pobre, pero me daba su ropa para que se la acicalara bien para ir a los lugares donde cantaba y a veces se la tenía hasta que zurcir— y había un jovencito, muy jovencito, que cantaba muy bonito, estaba ensayando con ellos. Me lo presentaron. Se pasó unas cuantas semanas allí. Yo le lavé en dos ocasiones alguna ropa. Quién me iba a decir en aquellos momentos que ese joven sería famoso, no sólo en Cuba, sino en el mundo entero. Ese fue tu ídolo, Benny Moré[30]. ¿Te acuerdas cuando fue a actuar a Bayamo, allá por el año cincuenta y pico, y tú te escapaste con tus amigas porque querías bailar con él? Lo lograste, ¡bailaste con Benny Moré! Pero qué trabajo me costó evitar que tu papá te matara de una paliza; aquello era un escándalo para él.

Sé que hay personas que cuando alcanzan la fama no les gusta que hablen de su pasado, si ese no fue el mejor. Pero como yo estoy haciendo un balance del mío, me satisface que sepan que yo los conocí, que conocí a los que después fueron famosos.

Los Reyes Magos

Como eres mi hija más chiquita no compartiste con tus hermanos los sufrimientos de los Días de Reyes —ellos dicen que aquello era sólo un momento, porque al poco rato se les olvidaba porque yo los hacía felices con cualquier cosa, con cualquier «invento»—. ¡Tú si tuviste Reyes! En aquella época ya yo sabía cómo resolver esos problemas.

Pero hablando de tiempos más atrás, yo sufría mucho ese día. Hubo una ocasión en que tu hermana Moña pidió una muñeca grande, rubia, de goma, que abriera y cerrara los ojos. Lo que le pude comprar fue una chiquitica, que tenía las piernecitas unidas, unas plumas de colores a manera de faldita, sin pelo, con los ojos saltones y unas grandes argollas. A aquellas muñequitas les decían *abisinias*. Ella se puso muy triste, pero cuando me miró, parece que me comprendió y me dijo:

—Mama, esa no es la que yo pedí, pero, ¿tú sabes?, ¡esta me gusta más!

Aquellas palabras me laceraron el corazón, pero me puse fuerte y no lloré. Quise más a mi hija aquel día, porque me di cuenta que había comprendido que los «Reyes» era yo.

También me pasó con mi hijo Nené. El quería un caballo grande, con melena larga, y lo que le pusieron los «Reyes» fue un palo con dos rueditas atrás, una cabeza de caballo de madera y un cordón para halarlo. Monín en una ocasión quería dos pistolas como las de Roy Rogers, con el cabo blanco con una cabeza de vaca, ¡pobre mi hijito al ver la pistolita de mitos* que apenas se le sentían los disparos! Y Carlotica, ilusionada pensando en su costurero —porque le gustaba bordar—, no podía sentirse feliz con aquel arito con un pedazo de tela, dos o tres agujas y varios carretelitos de hilos de colores.

Aquello era terrible para mí, pero un día tuve una tremenda experiencia. Fue como una lección. Aquel día amanecí muy apesadumbrada, mis esfuerzos no daban para comprar ningún juguete a tus hermanos. Lloré mucho aquel amanecer. Algo entrada la mañana tu hermano Chichí se cayó y se partió un brazo. Lo llevé al hospitalito donde atendían a los niños pobres; mientras esperaba que lo enyesaran, entré en una sala donde había como ocho o diez niños ingresados. Estaban acostados en unas cunitas en muy mal estado, con unas sábanas que, de percudidas, estaban grises. Casi todos lloraban. Uno me dijo:

—Señora, ¿usted conoce a mi mamá? Dígale que venga a buscarme.

Aquello me partió el corazón, aquellas caritas tan tristes. Salí corriendo a buscar a mi hijo. Cuando llegué a mi casa, me arrodillé delante de mi Virgencita y le pedí perdón por mi inconformidad. Los niños del hospital estaban peor que los míos. Aunque, pensándolo bien, no era inconformidad: yo no quería que mis hijos sufrieran lo que había sufrido yo.

José María, «Cuto»

Tuve dos hermanos de padre y madre. Julián, quien nunca vivió con mi mamá, porque siempre estuvo con mi abuela Mamacita, hasta que se casó y constituyó su ho-

---

*   Pistola de fulminantes.

gar, allá en Cueto. Allí vivió hasta que murió. Al otro, José María, le decíamos Cuto. Siempre vivió con mi mamá y sufrió mucho por los complejos que ella tenía: él era negro, negro. A fuerza de lucha y sacrificios se hizo maestro. Pero después de graduado no ejerció el magisterio hasta después de viejo. Como no quiso trabajar en el monte, se fue a vivir conmigo a Barracones. Se consiguió un trabajo de viajante de medicinas en una compañia farmacéutica que se llamaba *Wytone* o *Witone*, no recuerdo bien.

El tuvo un tiempo que, por su trabajo, tuvo que viajar mucho a Haití y a Santo Domingo. El se iba a casar con una haitiana, pero no pudo. A ella la mataron por confusión, la confundieron con otra mujer. ¡Pobre mi hermano! Aquello lo traumatizó al extremo que nunca se casó. El siempre fue un errante, pero mi casa fue su punto de parada. El me quería mucho y a ustedes los adoraba. Cuando los llevaba a pasear les pedía que le dijeran papá; y entonces los complacía en todo lo que querían. ¿Te acuerdas? Ustedes lo aprovechaban bien, para que les comprara cositas sabrosas.

Una de las cosas que recuerdo de Cuto con mayor admiración está relacionada con la celebración de los quince años de tu hermana Moña. Ella quería que se lo celebraran, pero yo no podía. Tu papá no le daba importancia a esas cosas, para él eso no era necesario, las ilusiones de la muchachita no contaban. En esos días Cuto había llegado de Haití; él traía dinero, pero me daba pena pedírselo. Como una semana antes del cumpleaños, Moña llegó de la escuela con tremenda gritería:

—Mama, mama, ¡mira lo que me encontré! Me lo encontré en la loma de Santa Rita.

Era un rollo de billetes. Yo no lo podía creer, la interrogué, la interrogué, y siempre me decía lo mismo. Juraba por Dios y por mí que se lo había encontrado. La hice llevarme hasta el lugar donde supuestamente se lo había encontrado. Después de todo aquello, y de esperar un par de días por si oía decir que alguien había perdido un dinero, decidí usarlo. Y en qué mejor que en celebrarle la fiesta de quince a Moña; Pura le hizo un traje muy lindo.

Ella convidó a todos sus amigos del barrio y de la escuela. ¡Moña tuvo su fiesta de quince! Tú no puedes acordarte de aquello, eras muy chiquita. Como a los tres o cuatro días después de la fiesta, Cuto fue a buscar el dinero que tenía guardado, y le faltaba la misma cantidad que Moña se había «encontrado». La llamamos y confesó todo. Yo sentía tanta vergüenza con mi hermano, que hoy reconozco que quise descargar en Moña toda mi impotencia. La cogí para pegarle, él no me dejó, más bien me dijo:

—No, Reyé, es a mí a quien debes de pegar. Si yo te hubiera dado el dinero para la fiesta, ella no hubiera tenido necesidad de hacer lo que hizo. Celebrar su santo era para ella un gran sueño. —Así reaccionó mi hermano.

En otra ocasión yo inventé un viaje a la playa Los Coquitos, donde se bañaban los pobres. Hice un pudín de harina de maíz, pan con frituras de bacalao, pru*, ¡y nos fuimos para la playa! Cuto era muy romántico, le gustaba hacer poesías. Aquel día, sentados en una roca, mientras los muchachos se bañaban, él se inspiró y comenzó a escribir algo, era una parodia con la música de *María Bonita* —la canción de Agustín Lara[31]. A los pocos días se fue y en su primera carta me la mandó. Me vienen a la mente algunos pedacitos de la canción:

Recuerdas aquella tarde, María Reyita,

María Reyita,

María del alma.

Acuérdate que en la playa

las muchachitas, entrenidas,

qué bien jugaban.

La Moña cogió un madero, como juguete

---

* Bebida estimulante elaborada con azúcar, hojas y raíces de diferentes plantas.

mientras las olas la columpiaban.

Y mientras yo te miraba, lo digo con sentimiento,

a cada momento me emocionaba...

(...) Después fuimos a La Maya,

Tú lo recuerdas, María Reyita, María del alma,

qué paseo tan ameno, gratos recuerdos

de nuestra infancia nos evocaba;

lo llevo dentro de mi alma

como un recuerdo para enviártelo en esta carta.

Y te digo emocionado, lo digo con sentimiento,

que eres mi hermana

la más amada.

¡Pobre mi hermano! ¡pobre mi hermanito querido! Ya murió.

Dos concursos

Todos ustedes son muy inteligentes, ¡si no hubiésemos sido tan pobres, tan pobres, todos fueran profesionales! En aquel afán de «ser alguien» cada uno tuvo su vocación, que al final de cuentas no todos pudieron desarrollar. Allá en Barracones, en la casa de nosotros comía un hombre habanero, llamado Félix Escobar, vendedor ambulante. Tenía dos hijos, Felito y Martica, siempre andaba con ellos.

Al verlo con aquella situación le dije que los llevara para mi casa hasta que encontrara un lugar fijo donde tenerlos. Al tiempo él conoció a una mujer rica —se llamaba Herminia—. No se qué tipo de relaciones tenía con ella, pero lo cierto fue que le internó a la niña en la escuela «María Auxiliadora» y al niño en el colegio «Don Bosco». Como agradecimiento a mi actitud, ella le pagaba los estudios, en el mismo colegio, a tu hermano Nené, pero externo. Era un colegio para personas de mediana posición, era muy buen colegio.

Nené estaba en sexto grado, cuando en el colegio «Dolores» convocaron a un concurso de redacción y composición. Los tres primeros lugares podrían estudiar allí, gratis, hasta que terminaran el bachillerato. El concurso era, primero, a nivel municipal; y después, a nivel provincial. Nené se presentó. ¡Qué embullo tenía tu hermano! Me decía:

—Mama, ¡esta es mi oportunidad! Yo voy a ganar.

Y se pegaba a estudiar día y noche. En el concurso a nivel municipal quedó en el segundo lugar. Cuando llegó me dijo:

—Tú ves, te dije que esta era mi oportunidad.

En el provincial volvió a repetir el segundo lugar. Tenía garantizado los estudios hasta que terminara el bachillerato. El día de la premiación, ¡que emoción!: él estaba muy nervioso. Pero habíamos olvidado que él era negro, aquella no era una escuela para negros; y menos, pobres. Cambiaron su nombre por el de otro niño, a él le regalaron un libro de José Martí. Sabemos quién fue el otro, pero, para qué decir ahora su nombre. Nené sufrió una gran desilusión, se pasó muchos, pero muchos días que no quería ni hablar.

Tú querías ser pianista, ¿te acuerdas? Sé que no has olvidado el pianito de madera con las teclas pintadas, que te hizo tu hermano Monín y donde te sentabas horas y horas interpretando piezas, que muchas las inventabas, y que tarareabas para imprimirles la música. ¡Con qué esfuerzo te puse a dar clases con aquella profesora particular! Dora Villafañe se llamaba.

Yo no me daba cuenta de que sin tener piano era imposible que pudieras aprender. Tu prima tenía uno, pero no te dejaba hacer las prácticas en su casa, era muy egoísta, ¿verdad? Las pocas posibilidades que teníamos de comprarte uno fue lo que hizo que lo dejaras, aquello fue muy triste para las dos, pero yo sé que fuiste feliz mientras duró. No se te debe haber olvidado el día que te sentaste delante de un piano de verdad, ¡ay, mi hija...!

Después quisiste ser cantante, lo tuyo era ser artista. Te enseñé un bolero para que te presentaras en el concurso de la Corte Suprema del Arte*, que se llamaba *Toda una vida*. A Moña el de *Vereda Tropical*, pero le tocaron la campana porque se le fue un gallo. Pero tú ganaste el primer lugar. Tenías que presentarte en el concurso nacional en La Habana. Pero quién «le ponía el cascabel al gato»: como era de esperar, tu papá no te dejó ir, y a mí me dijo:

—A ese paso, hasta puta Daisy no para.

Yo sé que tú querías ser artista. Si no hubiese sido por tu papá, quizás lo hubieses logrado. El concurso de la Corte Suprema del Arte y el de redacción y composición a que fue Nené pudieron haber variado el rumbo de la vida de ustedes, porque los dos ganaron en buena lid. Pero a veces el destino es muy adverso.

Se hizo mi voluntad

«¿Quiénes son ustedes?» pregunté a dos hombres que entraron a mi casa por el patio para esconderse, porque los estaban persiguiendo; eran dos miembros del Partido Socialista Popular[32]. Yo había oído hablar mucho de aquel Partido, y lo que más me gustaba era que ellos luchaban, entre otras cosas, por la igualdad de derechos entre negros y blancos; entre hombres y mujeres. Ellos me hablaron mucho del Partido en el tiempo que estuvieron allí, me embullé y al poco tiempo solicité mi ingreso a través de un compañero de apellido Maceo —ya lo conocía, comía en mi fondita, pero no sabía que era miembro del Partido— y me aceptaron. Esto sucedía en la década del '40.

En una ocasión ellos tenían necesidad de un lugar seguro para dar una reunión, me lo plantearon y yo les dije

---

*　　Concurso radial de aficionados al arte.

que mi casa estaba a la disposición del Partido. Eso no llamaría la atención; a mi casa entraba y salía mucha gente, porque mi hija Pura cosía pago y tenía muchos clientes, y en mi fondita comían unas cuantas personas. Aquel día conocí a muchos compañeros, Juan Taquechell, Elías Lega, Calderío, Urrutia. Eso era cuando el tiempo de César Vilar[33]. Me recuerdo bien de ellos. En mi casa se dieron muchas reuniones.

De las actividades que realizaba para el Partido me acuerdo de la venta de bonos, del periódico *Hoy*[34], fiestecitas para recaudar fondos. En una ocasión se hizo un certamen para elegir a una alcaldesa juvenil, que se convirtió en fiesta, también para recaudar fondos, porque todo lo que se llevó se vendió. En Barracones y Princesa se puso una Academia de Corte y Costura; no se cobraba muy caro, pero ese dinero era también para los fondos. Tu hermana Pura cooperaba dando clases a las muchachitas que se inscribieron. Yo también iba a reuniones y a actividades que se daban fuera de la casa

Llevé una vida muy activa dentro del Partido. A Rubiera no le gustaba aquello, pero yo no le hacía caso. Ya desde mucho antes yo me ocupaba de muchas cosas que a él no le gustaban, pero es que estaba despertando ¿tú entiendes?, despertando de la ceguera que me daba lo inocentona que era.

Recuerdo una ocasión en que estaba parada en la puerta de la calle y pasó un joven trigueño, gracioso, y una prostituta que también iba pasando se le insinuó, y él la trató con muy mala forma. Yo no me pude contener y le llamé la atención al muchacho. No se molestó y entablamos una conversación. Era un marinero chileno, su barco estaba en el puerto.

A los pocos días fue a la casa a hacerme la visita y dio la casualidad de que allá estaban Urrutia y Maceo. Nos pusimos a conversar y resultó que también era del Partido, en su país. Nos alegramos muchísimo. Nos contó sus experiencias; nosotros, las nuestras. Me recuerdo bien de él, se llamaba Rafael Salazar. Aquello fue muy bonito, luchar por la igualdad, por la hermandad, por los derechos de la mujer. ¡Qué esperanza tan grande renació en mí! Pero, claro, aquella lucha no era fácil, había mucho manicheo* en Cuba con la política y aquel Partido no convenía. Nunca me di de baja, pero cuando me mudé de ciudad, me desvinculé, chica, me desvinculé.

Sólo de pan no vive el hombre ...
¡ni la mujer!

Rubiera era muy cumplidor con las cosas de la casa, pero él tenía su criterio de lo que era importante y lo que era necesario. Me llevaban a la puerta el pan, la leche, el carbón; tenía una libreta para comprar a crédito en la tienda, en la carnicería; en ese sentido no teníamos problemas. Pero «sólo de pan no vive el hombre». Esa no era vida.

Acepté a tu papá como hombre, lo respeté, llevé con él una vida tranquila, demasiado tranquila para mi manera de ser. Siempre he pensado que la vida no puede ser solamente lavar, planchar, cocinar; en fin, los trajines de la casa. Y eso era lo que yo tenía, pero no era lo que yo quería. Era entonces muy joven y como tal me gustaban otras cosas: salir, distraerme. Pero sin la autorización de Rubiera no se debía salir, pero eso fue ¡hasta un día!

Antes de mudarnos para Barracones, tu papá iba de la casa para el trabajo y del trabajo para la casa; pero al comenzar a trabajar en el *Expreso Velar*, las relaciones con sus jefes y con los otros empleados blancos le hicieron cambiar mucho. Cuando llegaba del trabajo, se bañaba, comía y se sentaba en un balance† a fumar, y tus herma-

---

*   Fraude, engaño, enredo.
†   Balance: así denominan a la *mecedora* en la parte oriental de Cuba. En la occidental, utilizan otro cubanismo: sillón.

nos, por turno, le echaban fresco con un abanico. A mí aquello no me gustaba. La única que nunca lo hizo fuiste tú, ¿recuerdas cómo le decías?:

—Nada de eso, que yo soy negra pero no soy esclava.
—El se ponía colorado y me decía.

—Mima, a esta negrita le voy a sacar los dientes. —Pero nunca te pegó ¡ay, pero si lo hubiera hecho...! No se lo habría permitido*.

El se llevaba muy bien con el dueño del expreso, siempre lo iba a visitar. Sin embargo, ellos nunca fueron a mi casa ni tu papá me llevó nunca a la de ellos; aquello me dolía. Nunca le reproché nada, necesitaba conservar mi matrimonio a cualquier precio. El cambió hasta su forma de vestir, usaba camisillas† con botonadura de oro, ropas muy finas y se calzaba con pantuflas de glasé. Sin embargo, nosotros apenas teníamos con qué vestirnos ni qué calzar. Aquello no me sobrecogió, por eso comencé mi lucha. Rubiera garantizaba —además de la representación como jefe de la familia— casa, comida, médico y medicinas. Lo demás yo decidí buscarlo.

El tiempo pasaba. Yo iba despertando, quería que mis hijos, los que aún tenían edad, estudiaran o tuvieran un buen oficio. Por tanto comencé a hacer una vida, hasta cierto punto, independiente a la del viejo. Nos llevábamos bien, yo estoy segura que nos quería, pero él no veía más allá de su nariz. Me propuse sacarlos de aquel barrio, y para eso no me cansaba de hablarle para que comprendiera que eso era una necesidad imperiosa, que era importante para una mejor formación de nuestros hijos. A fuerza de tanta insistencia — o porque lo vencí por cansancio— nos mudamos para Cristina entre Gasómetro y Callejón de Cobo. Corría el año 1950.

Era una casa grande y linda, la entrada por una calle y el fondo por otra; era de mampostería con un amplio ven-

---

tanal al frente; tenía una distribución muy buena: sala y saleta corridas, luego un gran patio con una enredadera de campanillas lilas muy lindas. A la izquierda la hilera de cuartos, al fondo la cocina y el comedor. Pagaba un alquiler bastante alto para aquellos tiempos, pero era una buena casa. Estaba en un barrio de familias acomodadas y pobres, pero casi todos blancos.

Allí llegué con la decisión de darle un vuelco a mi vida y, por tanto, a la de ustedes. Barracones quedó atrás con sus prostitutas, sus chulos, los *marines* yanquis, los buscavidas, los delincuentes, y todo lo que aquello significaba.

Capítulo 3

¿Qué roca, qué palabra, qué consuelo
alguien pondrá en mi oído?
¿Alguien sospecha la medida de este duelo
si es mi beso más alto el que ha caído?

Reyita contempla la foto de su hijo Anselmo, "Monín", muerto en la explosión del buque La Coubre en 1960

La promesa a San Lázaro[35]

En 1952 Rubiera tuvo una úlcera en el duodeno, la que a pesar del tratamiento médico que tenía, se le reventó. Cuando lo vi con aquella hemorragia tan grande me volví loca. Y antes de llevarlo para el hospital me arrodillé y pedí, pedí por su vida y por su salud, pero no a mi Virgencita, sino a San Lázaro, santo a quien tenía miedo y asco por eso de las llagas y de las moscas. Le prometí que si mi viejo se salvaba lo pondría en la sala de mi casa, frente a la puerta de la calle, compartiendo esa posición con la Virgen de la Caridad del Cobre ¡Tremenda promesa!, si tomas en consideración que no era santo de mi devoción. Por eso tenía fe en que él me iba a ayudar. Tu papá se salvó y yo cumplí lo prometido cuando me mudé para Bayamo, poco tiempo después de la enfermedad del viejo.

Puse un altar muy grande, que llegaba casi al techo; al santo le hicimos una fina capa y siempre lo tenía con muchas flores y velas. A ustedes no les gustaba —no se habían criado en esas creencias, sino con el santo temor a Dios, practicaban el catolicismo, fueron bautizados, comulgados y casados por la iglesia—, pero respetaban mi decisión. También por eso me esmeré para que quedara tan bonito, como si fuera un adorno. Llegó el día de la fiesta del santo. El 16 de diciembre, víspera de la celebración, además de las flores y las velas, le pusimos frutas, dulces, ron, tabaco, una palangana con hojas de albahaca y una vasija vacía en la que eché algunas monedas.

La ceremonia que se hace la víspera de la fiesta del santo se llama velatorio; le hice uno a San Lázaro. Ese día a las doce de la noche en mi casa no cabía un alma más. Tu papá se puso como una fiera, él no creía en nada, no le importaba mi promesa y como no pudo lograr que yo sacara a todas aquellas personas de allá, se fue a dormir al expreso, no sin antes decirme una serie de disparates.

Justamente a media noche le pedí a la Virgencita que me diera fuerza y claridad para poder atender a toda aquella gente y hacer lo que se debía en esos casos, a lo que no estaba acostumbrada y, por tanto, preparada. Comenzamos con las oraciones que entendí que debía hacer y luego cantamos algunas plegarias que yo me sabía. Después empecé a despojar* a todo el mundo; y empecé a sentir unas irradiaciones que me recorrían todo el cuerpo, era algo así como un escalofrío. A cada persona le decía lo que me venía a la mente y le recomendaba algún remedio. Terminé muy tarde y muy agotada, pero me acosté satisfecha de haber cumplido con la obligación contraída con el santo al hacer la promesa.

Por la mañana tu hermana Moña, jaraneando conmigo, me dice:

—¡Oye, mama!, si sigues cumpliendo la promesa te haces rica.

Me lo decía porque en la vasija del dinero había como cien pesos, de lo que la gente echaba para cumplir con el santo. A mí no me importaba eso, yo no podía cobrar la caridad; pero para qué negar que me venía muy bien. A partir de aquel día comenzó a correr un comentario: «Qué buena vista tiene María, la negra gorda que tiene el pelo blanco»; me convertí en la espiritista de moda. Muchas personas tocaron a mi puerta, nunca le dije que no a nadie. Eso hago incluso hoy, que estoy vieja, con casi cien años sobre mi espalda.

El espiritismo que yo practico dicen que se llama espiritismo cruza'o[36]. A los bayameses les gustaba el de cordón[37]; esos creyentes, cuando se reúnen, hacen un círculo, se toman de las manos, cantan y rezan, mientras dan vuel-

---

* Acción purificatoria para alejar, según los creyentes, las malas influencias.

tas alrededor de la persona a quien van a quitar algún espíritu o van a consultar. Así van creando una corriente magnética, que hace caer a los fieles en trance. En Bayamo había muchos centros de esos.

Mucho antes de aquello ya había tenido mis experiencias como curandera con personas que no fueran de mi familia; ya hacía mis primeros pininos*, cuando vivíamos en Cristina, aquí en Santiago, allá por 1950 ó 51. Cuatro o cinco casas más allá de la mía tenía su consulta el doctor Portuondo; él siempre me decía: «María, no se meta en tantos líos que se va a buscar un problema.»

Como mis vecinos iban a mi casa para que les sobara el empacho† a sus hijos o se los santiguara, cortara una erisipela —eso que hoy llaman linfangitis—, les hiciera remedios para el asma, el catarro o la diarrea, Portuondo me decía aquello, no para evitarme un problema realmente, sino porque le quitaba la clientela, a la cual él cobraba tanto en dinero como en especie. Sin embargo, yo no le interesaba nada a nadie, aquello lo hacía como obra de caridad. Otra cosa que Portuondo perdía era la comisión que le daban los boticarios, por las medicinas recetadas por él; ¡sinvergüenzas!, a veces mandaban a los pacientes más medicinas de las que necesitaban, sin tener en cuenta que eran pobres.

En una ocasión una vecina me fue a buscar para que le viera a su marido, que en aquellos momentos tenía un fuerte dolor de estómago. Fui con ella, miré al hombre, le pedí a la Virgen que me inspirara para aliviarlo y al instante se me ocurrió una idea: le dije a la mujer que buscara un poco de pelusa de maíz y le hiciera un cocimiento. Cuando lo trajo, se lo di al hombre. En cuanto se lo tomó, vomitó una bola que parecía una semilla de mango de toledo, negra y llena de pelusas blancas, y se desmayó.

---

* Pinitos. (*Hacer pinitos*: primeras veces que se hace una cosa que requiere práctica).

† Véase *Y tenía una gracia.*

93

Aquella señora al ver a su marido sin conocimiento, comenzó a gritar:

—¡Me lo mataste, me lo mataste! —Yo, sin saber qué hacer, mandé a buscar al doctor Portuondo.

Cuando llegó y reconoció al hombre dijo que estaba vivo, y me preguntó qué le había dado; y le expliqué. El echó la bola en un frasco de cristal para mandarla a un laboratorio. Nunca supe el resultado, lo cierto fue que el hombre se murió como a los cuatro o cinco años; ya nosotros no vivíamos en aquel barrio.

Mis visiones

De niña tuve muchas visiones que no me podía explicar. Era una mediumnidad que se me desarrolló cuando comencé a trabajar la obra espiritual, en Bayamo. Yo había leído mucho sobre el espiritismo en las obras de Allan Kardec[38] y participé en alguna que otra actividad de ese tipo. Por eso pude, aunque con cierta inseguridad y temor a equivocarme, hacer lo que hice. Siempre pensando que mi Virgencita me ayudaría a salir bien y, sobre todo, poder remediar en algo los problemas que me planteaban las personas que iban a mi casa a buscar una caridad.

Un día, un hombre que, por su apariencia, parecía del campo, llegó y me dijo:

—Señora, yo tengo un problema muy grave. Me dijeron que usted tenía muy buena vista y vine para que me ayudara a resolverlo.

—Entra y explícame lo que te pasa.

El era capataz de una finca y se le había perdido la cuchilla de una maquinaria y estaba casi seguro que un hombre que ambicionaba su puesto se la había cogido. Su patrón le había dado tres días para encontrarla y reponerla, o lo iba a botar del trabajo. ¡Qué problema para mí! Pero pensé que cualquier palabra de aliento lo estimularía a seguir buscando la cuchilla con más ahínco y con más fe. Lo despojé, le mandé a hacer unos remedios, que ni me acuerdo, y se fue muy esperanzado. El último día del plazo que el dueño de la finca le dio, encontró la cuchilla escondida detrás de una piedra muy grande y con ramas de un árbol alrededor. Según él ya había buscado por allí varias veces.

Con qué alegría llegó a la casa para contármelo; creía que la había encontrado por la acción del remedio que le mandé. Yo pienso que la fe con que salió a buscarla fue lo que le hizo escudriñar hasta los rincones en que ya había buscado. Me llevó de regalo algunas gallinas, viandas y frutas; de rato en rato iba por la casa a llevarme algo, yo siempre le protesté. El hombre de la casa de tablas —como le decíamos— se hizo muy familiar entre nosotros.

Otro día, una señora me llevó a su hija, una niña pequeña que estaba muy enferma; según ella el médico que la asistió no había dado con lo que tenía. Le vi el vientre muy abultado, se lo toqué y se lo sentí muy tenso, se quejaba de dolores y tenía fiebre. La pobre mujer estaba muy desesperada, alguién le recomendó que me la llevara.

Me acordé de que a una de mis nietas le había pasado algo parecido no hacía mucho. Pensé que la niña no debió de haber tenido una buena atención médica —en aquella época, por los años '50, era bastante difícil para los pobres—. Despojé a la muchachita y a la madre, y le di a la señora un frasco de pastillas para los parásitos; creo, no recuerdo bien, que era de tricomicida. Le dije que le diera la misma dosis que el médico le había indicado a mi nieta. Como a las personas que acuden en busca de caridad, si no les recomiendas remedios relacionados con la religión no se van satisfechos, le mandé para la niña unos baños y unas oraciones.

A los pocos días la mujer fue a mi casa y me dijo que la muchachita había echado una bolsa de parásitos, que le dejó de dar fiebres y que estaba comiendo bien. Me alegré mucho y le aconsejé que la volviera a llevar al médico. La niña se puso de lo más bonita. Pienso que la experiencia que tenía en el cuidado de mis hijos y de todos los niños que crié me ayudaba mucho en ese tipo de casos.

En otra ocasión, una mujer de unos 30 años —señorita*, según dijo— me fue a ver. Tenía un enamorado que no se decidía a formalizar sus relaciones con ella, me pidió que le hiciera un remedio para amarrar[†] al hombre. Yo la miré y, ¡te lo juro!, le vi a la altura del vientre un «gusanito» que se movía de un lugar para otro, y le dije:

—¡Mira, hija mía!, a ese hombre tú no lo amarras ni con remedios ni con ese hijo que vas a tener.

—Pero, María, qué hijo, si yo soy señorita.

—Si me vienes con engaños yo no te puedo ayudar.

Ella, por no dar su brazo a torcer, por pena, o no se qué, salió de mi casa que parecía un bólido. Como a los seis o siete meses de aquello, Virtudes, que así se llamaba, parió un niño; y el hombre, cuando se enteró de que ella estaba embarazada, la dejó, porque era casado.

La mayoría de las personas acuden a buscar los beneficios de los espíritus, de los muertos o de los santos, cuando tienen un peo[‡] apretado, por problemas de salud, de justicia, o para buscar solución a algún problema que consideran muy difícil o imposible de resolver por sí mismos. En Cuba siempre fue así, y siempre lo será; aquí, todo el mundo camina[§].

Mis creencias religiosas

El altar de San Lázaro me hizo comprender muchas cosas; pero la experiencia fundamental que me dejó fue que pude definir mis creencias religiosas, las que pude desarrollar a mi manera, porque no me gusta ir a ningu-

---

*   Señorita: virgen; que no ha practicado unión sexual.
†   Atar o sujetar a una persona, a través de fórmulas mágico- religiosas.
‡   Situación difícil; problema serio.
§   Caminar: buscar solución a diferentes problemas con ayuda de lo sobrenatural.

na ceremonia de santería ni de otra religión, incluyendo la católica. Lo que más he hecho, de vez en cuando, es llevar un último rezo[39] de algún fallecido de la familia o de personas conocidas, y hacer la caridad a cualquier persona que ha venido a mi casa a buscarla.

Cuando nos mudamos de Bayamo, mi fama de espiritista quedó atrás; pero yo soy muy cumplidora de mis promesas y por eso conservo en mi casa la imagen de San Lázaro, aún después de muerto tu papá. Sabes que ahora tengo un altar pequeñito, en un rinconcito de mi cuarto, y ahí estará hasta que me muera. Sigo pensando que la caridad no se niega a nadie. Además, siempre pido a mi Angel de la Guarda y a mi Espíritu Protector que me den la claridad necesaria para poder prever cualquier daño que le quieran hacer a ustedes, porque lo que sí aseguro es que mientras yo esté viva, el que lo haga, pierde su tiempo, y si pagó algo por eso —porque siempre hay gentes sin escrúpulos, que ponen sus creencias al servicio de esas porquerías—, pues también pierde su dinero.

He tenido muchas pruebas, he visto y he oído* mucho, bien claro me han puesto las cosas. Nunca he sido fanática porque sobre religión he leído bastante, pero esas lecturas las interpreto a partir de mi convicción de que todos esos conocimientos se deben utilizar como guía, como patrones de conducta, y para mí esa es la enseñanza: la verdadera fe radica en la confianza que el hombre tenga en sí mismo para que surta efecto la ayuda que su Angel de la Guarda y su Espíritu Protector les puedan dar. Pero claro, también hay que atenderlos, a ellos les gusta y necesitan que de vez en cuando se les recen unas oraciones; se les encienda una vela para que tengan luz; se les pongan flores o, simplemente, un vaso de agua; y digo sim-

---

* Oír y percibir con antelación hechos con ayuda de lo sobrenatural.

plemente porque es lo más fácil de hacer, pero el agua es muy importante para los espíritus, porque ese es su alimento.

He seguido religiosamente la tradición de echar a las doce del día un cubo de agua a la entrada de mi casa, para alimentar a los espíritus de mis seres queridos ya fallecidos. Porque esa es la hora en que se abre la puerta del espacio, para que ellos bajen a visitar a sus familiares, y deben alimentarse antes de entrar. Cuando comencé con los achaques de la vejez tú lo hacías por mí, pero como te mudaste para La Habana y tu hermana Tata no lo hace, decidí que mis espíritus «permutaran» junto contigo, pidiéndoles que después de tomar su alimento, no dejaran de venir a visitarme. Estoy segura que lo entendieron, porque cuando llegan, yo los percibo, y ya es un poco tarde, la una o la una y media de la tarde.

No creo en milagros. Creo en la fuerza y en la claridad que esos espíritus nos trasmiten, para poder actuar en la vida y lograr lo que queremos. Chica, el maná no cae del cielo; ese hay que buscarlo en la tierra, ¡y bien buscado! Mis creencias religiosas las desarrollo sola, como tú sabes, porque hay muchos farsantes que se aprovechan de las personas para lucrar. También considero que la religión es un problema de cada quien, que cada persona practique lo que quiera y como lo quiera hacer, siempre que sus creencias no le hagan daño a nadie. De una cosa yo sí estoy segura, y es que en Cuba todo el mundo lleva sus creencias dentro de su corazón: dígalo o no lo diga.

Y tenía una gracia

Comencé a utilizar los remedios caseros, o medicina verde, después que los tuve a ustedes. En aquella época el problema de la salud en Cuba estaba muy descuidado: si no tenías dinero para pagar médico y medicinas, ¡ya te podías morir!, eso era un asunto de cada quien. A mí las cosas me las revelaban en sueños, yo tenía esa gracia o ese don; así recibía los conocimientos para curar algunas dolencias. Esas curaciones siempre llevaban algo espiritual: un baño con hojas, con flores u otras cosas.

Tú sabes que yo no creo en milagros, pero las propiedades curativas de las yerbas y raíces que utilizaba para aquellos remedios, más la fe y la buena voluntad con que los hacía, era lo que realmente curaba; nunca trabajé con espíritus, solamente con mis inspiraciones; tampoco cobraba nada por lo que hacía. Yo nací con eso, pero nunca me consideré una persona especial.

Ahora, que estoy vieja, sigo atendiendo a las personas que vienen a mi casa en busca de ayuda. Sobre todo, madres que me traen a sus niños para que les sobe un empacho, o para que se los santigüe porque le han hecho «mal de ojos». Los médicos no reconocen el empacho. Eso no es más que algo que se comió, le hizo una mala digestión y se pegó en el estómago. Se resuelve fácil: se pasa la mano —untada de alguna grasa— de la boca del estómago hacía abajo, pero suavemente; luego se le hala el pellejo por la espalda, por encima de la columna vertebral. Si la persona está empachada realmente, le traquea tres veces, entonces se le da a tomar tres tragos de agua; y resuelto el problema.

El «mal de ojos» —que es el estado depresivo en que cae una persona cuando la ha elogiado otra, que tiene mala vista— se quita despojando al mal ojeado, mientras se le reza la oración a San Luis Beltrán. A los animales y a las plantas también les echan «mal de ojos», ahí sí hay que proceder de una manera más complicada. Eso es una cosa muy mala, puede hasta matar.

Le tengo mucha fe a la miel de abejas: si te tomas una cucharada todos los días en ayunas, te previene de muchas enfermedades; también sirve para evitar los hijos; para eso te la untas en la vagina y los espermatozoides se pegan en ella y no pueden avanzar, por lo que mueren sin llegar a su destino. A tu cuñada Amalia, después de parir nueve muchachos, yo le di ese remedio, porque si no ¡iba a tener un ejército ella sola!

Ustedes no tuvieron problemas al entrar en la edad de la pubertad porque les daba depurativos, preparados con hojas de sen y azúcar parda. Lo echaba en un litro, lo acababa de llenar de agua y lo tapaba con una gasa; lo mantenía cuarenta y cinco días a sol y sereno y luego les daba una tacita en ayunas. Nunca tuvieron granitos ni espinillas y les bajó muy bien su menstruación.

En nuestra familia hubo algunos asmáticos y los curé dándoles como un café en ayunas, pero hecho con palmiche tostado y molido. Ahora oigo hablar mucho de la sarna —escabiosis, como le dicen los médicos—; aquí nunca hemos tenido ese problema, porque cuando se ha desatado en el barrio toda mi gente se baña con agua hervida con hojas de escoba amarga. Eso sí, hay que hervir todo lo que se usa, porque la pueden traer de la calle.

Tampoco fueron diarreosos, porque al primer síntoma les daba cocimiento de retoño de güayaba, granada y cogoyo de plátano; a los niños de meses les daba cocimiento, en ayunas, de pétalos de rosas de Castilla. Nunca tuve problemas con los piojos; una sola vez a una de ustedes le cayó y rápidamente preparé una botella de alcohol con una hiel de puerco —la dejé tres o cuatro días— y luego le froté el cráneo con eso a todas, a la que tenía y a las que no lo tenían, les envenené el cráneo y nunca más me tuve que preocupar.

Cuando ustedes fueron madres siempre confiaron en mí para que las ayudara a curar pequeñas dolencias de sus hijos, sobre todo el sapito —estomatitis—; yo lo resolvía con una sola cura de zumo de yerba mora con una pizquita de bicarbonato. Igual que los impétigos, esos los liquidaba limpiándolos con agua hervida con hojas de adelfa blanca, para mí, es mejor que el agua de Alibour. Cuando ustedes eran chiquitos me gustaba bañarlos con agua hervida con bejuco de boniato, por eso no tuve que luchar con granos ni con salpullido, a eso le deben tener la piel tan limpia y tan tersa.

He hecho parir a muchas mujeres que no podían tener hijos —no sé si ellas o los maridos— con un remedio que los dos tienen que tomar. Se prepara de la forma siguiente: se echa en un litro cuatro tiras de palo carbonero, se le agrega siete cucharadas de azúcar parda y se acaba de llenar con agua, se le amarra una gasa para taparla y se mantiene durante cuarenta y cinco días al sol y al sereno. Después de ese tiempo es que se comienza a utilizar: cada uno se toma una tacita en ayunas. Tú sabes que es bueno, porque después de luchar con tu hijo Vivi, durante diez años, le dimos el remedio y ¡ahí está Aníbal Antonio!, mi bisnieto, el miembro ciento dieciocho de esta familia.

Ahora te voy a hacer un cuento que no es más que una maldad de vieja. Reyita, tu sobrina, tenía una amiga que se fue con el novio; aquella unión no resultó y como a los tres o cuatro meses volvió para su casa. Al cabo de un tiempo se enamora de nuevo, de un muchacho que tenía buenas intenciones con ella. Por prejuicio o por temor de perderlo no le dijo de las relaciones que había tenido anteriormente y el muchacho creía que era señorita. Cuando la fecha de la boda se acercaba, ella no sabía qué hacer; lo comentó con Reyita —era la única que sabía de sus preocupaciones—. Tu sobrina le dijo:

—Yo tengo una abuela que sabe muchas cosas, vamos a ver qué puede hacer por ti.

—No, chica, me da mucha pena.

—No, vieja, tú vas a ver, mi abuela es mi abuela.

La convenció y me la trajo. Me puso en tremendo aprieto, pero se me ocurrió una cosa y se lo recomendé:

—El día de la boda —le dije— tienes que tener un hígado de pollo fresco. Siete días antes, comienzas a asearte con agua de alumbre, siete días nada más, porque si no ¡pobre de ti! El día del matrimonio, cuando te vayas para la luna de miel, llevas bien escondidito el hígado de pollo. Antes de acostarte, cuando te vayas a asear, te lo introduces en la vagina. Lo demás ¡ya tú sabes...!, no pienses en eso y disfruta ese momento. Cuando regreses, me vienes a ver, para que me cuentes cómo te fue.

—¿Vieja, usted cree que me dará resultado?

—Sí, mi niña, hazlo con fe y tú verás que todo te saldrá bien.

A su regreso, la muchacha llegó a mi casa dándome besos desde que me vio, porque todo le salió a pedir de boca. Aquello no tenía nada que ver con la gracia con que nací; eso era el resultado de la experiencia, de los años, de haber visto y oído tantas cosas... Además, era un poco de pillería. La muchacha se fue confiada, por eso los nervios no la traicionaron. Se entregó al placer tranquila, y en el intercambio amoroso el joven ni se percató de que ella no era señorita. Sigo curando y dando consejos. Gracias a Dios que todo lo que recomiendo sale bien. Dicen que «más sabe el diablo por viejo que por diablo». En mi caso, sé más por anciana que por vieja, y porque estoy «vivita y coleando».

El amor entra por la cocina

Aunque feo me sea decirlo, yo fui una excelente cocinera. No de alta cocina de cremas y asados, pero de la comida tradicional cubana fui tremenda especialista. En primer lugar, me encantaba hacerlo; en segundo, tuve un marido muy caprichoso en ese sentido; y en tercero, porque en una etapa con eso me ganaba la vida cuando las cantinas y la fondita. Pero además, comer es sabroso, ah, comer es ¡tremendo placer!

Inventé un pudín de malanga, que a tu papá y a ustedes les gustaba mucho. ¿Te acuerdas cómo se hace? ¿No?, ¡que barbaridad! A las mujeres de ahora les gusta poco la cocina —y más en estos momentos que no tienen muchas opciones—, bueno, te lo recuerdo.

Se hierven las malangas con un poquito de sal, luego se hace un puré, se le agrega leche hervida con canela, anís, nuez moscada, clavos de olor y vainilla, azúcar blanca, al gusto, y mantequilla. Después que lo tienes todo mezclado, lo *vaceas* en un caldero untado de mantequilla. Se pone en la candela a fuego lento y se tapa con un zinc con brasas de carbón, para que se dore por arriba y por abajo; el que tiene horno, lo puede hornear. Se baja a los treinta o cuarenta minutos. Se deja enfriar y se vira en la bandeja, ¡es delicioso!

Todos nosotros somos soperos, nos gusta mucho. Hay sopas desde la exquisita de pollo, hasta el tradicional ajiaco santiaguero. De eso no hace falta hablar, pero lo que sí no puedo dejar de recordarte es la rica sopa de ajos. Es tan fácil de hacer. Se utiliza: rebanadas de pan, ajos, pimientas dulces, hojas de laurel y huevos. Se tuesta el pan, se pone a hervir los ajos bien machacaditos, las hojas de laurel y las pimientas dulces; la sal, a gusto. Cuando aquello ha hervido bien se le agrega el pan tostado y se deja uno o dos minutos en la candela. Se baja. Y al servirla se pone en el plato un huevo crudo, se revuelve bien, ¡y ya está! Es una sopa deliciosa, nutritiva y entona muy bien el estómago.

Aquí, en Santiago, entre los pobres era muy usual hacer *sopa de piedras.* Cuando la cosa estaba muy mala y no había qué cocinar, se ponía en la candela una olla con agua y como se vivía en una verdadera colectividad— le decías a tus vecinos:

—Voy a hacer una *sopa de piedras.* —O ellos te preguntaban:

— ¿Reyita, qué vas a cocinar hoy?.

—No sé, chica, creo que voy a hacer una *sopa de piedras.* —Y en cualquiera de los casos, enseguida aparecía la solidaridad.

—Bueno, yo tengo malangas, te doy ...

—Yo tengo papas...

—Y yo tengo paticas de macho saladas...

Y así, y así, resolvías todo lo que te hacía falta y acababas haciendo, no una simple sopa, sino un tremendo ajiaco.

Yo di muchas cosas para las *sopas de piedras* de mis vecinos —sobre todo cuando vivía en Chicharrones—, pero no me da pena decir que también tuve que hacer unas cuantas.

Dicen los santeros que los santos, o los orichas, comen. De eso yo sí no sé nada. Pero tengo mi San Lázaro y si ellos comen, no lo voy a dejar pasar hambre por mi ignorancia. Pero como tampoco me interesó pasar un curso de comida ritual, le pongo maíz tierno en un plato, otras veces se lo tuesto, y los días de su fiesta le pongo dulces y frutas, además de su tabaquito y su copita de ron, porque eso a él ¡le gusta mucho! Lo hago con voluntad y creo que me comprende.

Lo mismo hago con mi Virgencita, para que no se me ponga celosa; a ella le pongo miel de abejas o calabaza. ¿Por qué esas cosas? Porque lo leí en un libro donde explican las diferentes comidas que se les ofrece a los santos. Como lo hago con fe y con amor, sé que ellos lo reciben con agrado, y lo disfrutan con satisfacción.

En busca de una mejor vida

En los años '50 en Cuba no faltaba nada, las tiendas estaban llenas de todas las cosas que uno pudiera necesitar. Lo que no había era dinero para comprarlas. Los trabajos que se conseguían eran de poco salario, lo que no alcanzaba para nada. Los que no tenían muchos conocimientos, y esos eran la inmensa mayoría, si lo conseguían, era con una paga miserable. Había muchos trabajadores por cuenta propia, sobre todo vendiendo viandas, frutas, dulces caseros, periódicos, billetes de la lotería, limpiando zapatos, y un sinfín de cosas más; y en sus casas el fogón apagado hasta que ellos llegaran.

Era muy de aquella época que las tiendas de barrio cerraran un poco tarde en la noche y que sus dueños vivieran en la trastienda. La mayoría de sus clientes eran vendedores ambulantes que compraban la comida, a la hora que llegaban a sus casas, con lo que habían conseguido; entonces le tocaban al tendero, que les abría gustoso a despacharles. No en todos los casos lo hacían por comprensión, sino porque dependían de aquellos hombres. Algunos vendían a crédito, por eso muchos tenderos de barrio quebraron, eran muy humanos y fiaban mucho, a pesar de aquellos famosos letreros que ponían que decían: «Hoy no fío, mañana sí.»

En 1953 a tu papá le propusieron ser Agente de las compañias *Expreso Velar* y *Expreso Alvarez* en la ciudad de Bayamo. El aceptó, tendría mejor salario y podría emplear allí a tus hermanos Monín y Nené. Lo que no me gustó de aquello fue que Nené tuvo que dejar sus estudios de bachillerato. Rubiera decía que un bachiller y nada era lo mismo, que lo mejor era que el muchacho tuviera un trabajo fijo. Ellos se fueron delante, para preparar las condiciones de la mudada, y todos los meses el viejo giraba dinero para los gastos: pagar la casa, la luz, comprar la comida y alguna medicina que hiciera falta.

En aquellos momentos yo estaba empeñadísima, hacía poco que se había casado tu hermana Moña. Pero como quería comprar algunas cosas nuevas para cuando nos mudáramos, con el dinero que él me mandaba —en los tres meses que tardamos para irnos— las compré. Pero ¡qué sacrificio! Hacíamos una sola comida, harina de maíz con carne molida; por la noche, café con leche y pan con cualquier cosa, casi siempre con frituras de bacalao; a eso ustedes les decían desayuno nocturno. En aquellos momentos estaban tú, Carlota, y los tres niños que estaba criando, de los cuales ya hablé.

¡Ustedes eran terribles! Cuando el viejo avisó que ya nos venía a buscar, inventaron un versito de lo más gracioso que decía:

Valga que ya viene Pancho[*]
si no lo que va a encontrar
son a sus hijos amarillos
de tanta harina tragar
Mami, no te pongas guapa
el color va a combinar
con esa telas tan lindas
que tú acabas de comprar
y si mi papá se entera
de mortaja vas a usar.

Por fin llegó Rubiera. Yo había guardado unos quilitos para hacer una buena comida y le había prometido una paliza al que se atreviera a recitarle el versito. Una semana para empacar todo y regresé a Bayamo, después de muchos años de haber salido de allí. Ibamos en busca de una mejor vida.

En una calle llamada Tienda Larga —te acuerdas como nos reíamos por el nombre tan feo que tenía— estaba la casa para donde nos mudamos. Chiquita e incómoda. A fuerza de protestarle a tu papá, nos mudamos a los pocos meses para una grande en la calle Zenea, bastante cerca del expreso donde trabajaba el viejo.

Estuve como tres o cuatro días sin asomarme ni a la puerta, acomodando mi casa, y trajinaba cantando. El primer día que salí a la acera, a barrerla, la señora de al lado —Leo, ¿te acuerdas de ella?— me preguntó:

—¿Está la esposa de Rubiera?

—Soy yo.

—¡Caramba!, yo la oía cantar y como tiene la voz tan finita, creía que era blanca. —Qué mentalidad la de la gente, así que por ser negra no podía tener una bonita voz, con tan buenos cantantes negros que ha dado Cuba.

---

[*]   Pancho: sobrenombre dado a Rubiera por sus hijos e hijas.

Bayamo me recordó la época anterior en que viví allí, pero ahora, la situación era distinta: Rubiera era el señor Rubiera, el Agente de una importante compañía de transporte. Allí él tenía su mundo, pero sin descuidar la atención de su familia. Las otras cosas seguían sin importarle.

Yo siempre traté de que la sombra de la discriminación no hiciera mella en ustedes, por eso me molestaba tanto cuando alguno de los comerciantes —con quienes tu papá tenía relaciones de trabajo— para llamarlos les decía: «Oye, negrito», «Ven acá, negrito», pero no en un tono cariñoso, sino siempre un tanto despectivo.

Delante de mí nadie se atrevía a usar gracias de ningún tipo con ustedes, porque yo, de la mejor manera posible y siempre *sonreída*, ponía a cualquiera en su lugar. Había que respetarlos y, como es natural, ustedes tenían que respetar a los demás. Así, durante todo el tiempo que vivimos en aquella ciudad logramos que todo el mundo nos quisiera.

En cuanto a las relaciones con los comerciantes y con todo el que tuviera que ver con la compañía, tú sabes bien que yo les orienté a los varones que fueran únicamente de trabajo, porque el dinero y el color creaban una diferenciación muy grande: por tanto, hombre con plata y blanco no era amigo de hombre pobre y negro. Hubo excepciones, pero lo demás era palabrería de los políticos para asegurarse los votos, y de la literatura.

Nunca había peleado con tu papá; mis problemas con él comenzaron en Bayamo, porque a ustedes no las dejaba ni respirar. Si las mandaba al cine o a alguna fiestecita, decía:

—Mima, tú vas a dar lugar a que estas hijas tuyas se metan a putas.

Por eso discutíamos, el tiempo había pasado, la vida cambiado, yo quería que Carlota y tú no llevaran la vida de convento que tuvieron las demás. Eso frenaba sus relaciones sociales.

El tiempo iba pasando, la situación política del país era muy difícil. La dictadura de Batista era horrible, todos los días amanecían jóvenes muertos en cualquier parte; los guardias hacían lo que les daba la gana, maltrataban al pueblo, por cualquier cosa golpeaban a las personas. La miseria era tremenda; el estado de insalubridad de los barrios pobres era alarmante; muchos niños no iban a la escuela; faltaba el trabajo y no había seguridad para la gente. Así estaban las cosas en Cuba en 1958.

¡Abajo la dictadura!

Un día, sin querer me enteré por una conversación entre tus hermanos Monín y Nené que ellos pertenecían al Movimiento 26 de Julio[40]. No quise ser indiscreta, pero comencé a ayudarlos; sin que ellos se dieran cuenta justificaba ante su papá sus ausencias nocturnas al expreso, para que pudieran hacer lo suyo por la Revolución.

El tiempo transcurría para mí con una doble angustia: la de la lucha por la vida —aunque en aquellos momentos no era tan difícil, porque tu papá ganaba buen dinero— y la de saber el peligro que corrían tus hermanos. Pero siempre con la seguridad de que la virgencita de la Caridad del Cobre no me los abandonaría, me los protegería; y todo aquello matizado con la esperanza tan grande de que al triunfar la Revolución tendríamos una mejor vida.

En una ocasión cogieron a los muchachos presos. ¡Qué angustia tan grande, Dios mío! Aquellos guardias eran unas bestias, coger un revolucionario preso, torturarlo y matarlo era una misma cosa. Tuvimos que movernos rápido y mucho. Logramos sacarlos de la cárcel por las gestiones que se hicieron con el Alcalde de la ciudad, a través de uno de sus hijos, que fue compañero tuyo de estudios. ¿Te acuerdas de los malos momentos que pasamos?, porque a Monín lo llegaron a torturar. A los pocos días de aquel suceso, a Monín le llegó la orden de alzamiento; él aprovechó una rastra cargada de mercancias que había en el expreso y se la llevó para la Sierra[41].

A partir de aquel momento la situación se puso muy tensa para nosotros. Rubiera siempre fue muy cobarde, se enteró de que sus hijos pertenecían al Movimiento 26 de Julio después del alzamiento de Monín. Se quiso morir y a mí me quiso matar. Decía que yo tenía la culpa, por estarles metiendo cosas raras a los muchachos en la cabeza. El capitán Morejón, jefe de la Plaza de Bayamo, no nos sacaba el pie de encima, sobre todo a tu hermano Nené, el que gracias al aviso de que lo iban a matar (que le mandó un guardia al que le decían Peruchín), salió de Bayamo ese mismo día por la noche, en medio de un aguacero; se fue para el campamento del capitán Bárzaga, que era donde estaba tu otro hermano.

El caso de Peruchín era muy común. Muchachos prácticamente analfabetos, pobres, sin trabajo, a los que la lucha por la vida obligaba a meterse en el ejército, donde ganaban una miseria, pero era un sueldo seguro. Muchos actuaban correctamente, cumpliendo con su deber. Otros se volvieron malos, se deshumanizaron, maltrataron hasta a los que fueron sus compañeros y amigos de la infancia. Abusaban de los comerciantes, se llevaban las cosas de las tiendas y no las pagaban, les quitaban el dinero a los boliteros, en vez de llevarlos presos; chantajeaban a los chulos y a las prostitutas; en fin, una degradación completa, que en muchos casos llegó hasta el asesinato a sangre fría.

Después del alzamiento de Nené nos registraron la casa y, como no encontraron nada que pudiera comprometernos, se pusieron a vigilarnos. Era el panadero el que lo hacía. A él le decían «pan, pan», porque así era como pregonaba. Al tiempo se comprobó que era un chivato[*] que se

---

* Chivato: delator de revolucionarios durante la Guerra de Liberación Nacional en Cuba (1953-1959).

hacía pasar por revolucionario. Pero un día, en un viaje que hizo a la Sierra para llevar un mensaje, como ya estaba descubierto, fue juzgado y ajusticiado.

Yo me tranquilicé un poco cuando tu hermana Tata y Teresita —la esposa de Nené— fueron a la Sierra a ver a los muchachos. No tuvieron miedo, burlaron la vigilancia de los soldados atravesando monte, a pie, hasta que llegaron al campamento donde ellos estaban. Estuvieron varios días. Regresaron felices, aunque protestando porque no querían volver sino quedarse. Pero los muchachos las obligaron a regresar, porque ellos pensaron que yo no podría aguantar tanta angustia y preocupación. Fue una gran alegría para mí saber que estaban bien.

La situación se le hizo difícil a tu papá, pues según tengo entendido la compañía para la cual él trabajaba era de un hijo de Batista. El estaba muy preocupado por la vida de nosotros, porque como no pudieron coger a los muchachos, los guardias no nos dejaban tranquilos; y, como vivíamos cerca del cuartel, no podíamos evitar verlos a diario. Rubiera decidió dejar el trabajo y regresar para Santiago. Así lo hizo. Un día en un camión de la compañía nos montó a todos, recogimos algunas cosas, cerramos la casa y nos fuimos. Eso fue el día antes de que bloquearan la Carretera Central, para impedir el avance rebelde hacía Santiago. Allí llegamos casi sin nada, con un poco de dinero que tenía el viejo, para podernos encauzar. Así se cumplió la sentencia de que «en casa del pobre la felicidad dura poco», y eso fue lo que duró la mejor vida que fuimos a buscar a Bayamo.

Chicharrones

El viejo alquiló una casita en Chicharrones, barrio muy pobre al que le decían «la Sierra chiquita», por la cantidad de personas que había incorporadas al Movimiento 26 de Julio; además, porque en aquel medio de pobreza y de miseria, los vecinos tenían cifradas todas sus esperanzas en la Revolución, y porque la bestialidad de la dictadura ponía en peligro la vida de casi todas las personas, fueran revolucionarios o no. Desde allí se podía llegar bastante fácil a un macizo montañoso que estaba relativamente cerca, por lo que el barrio fue un tránsito habitual para los revolucionarios llegar a una parte de la Sierra. A los guardias y a los policías no les gustaba ir a ese barrio por la noche, tenían miedo.

Chicharrones era un barrio muy especial: sus calles —casi todas— eran lomas empinadas de tierra, desde donde se veía casi toda la ciudad y parte de la bahía de Santiago. No había alcantarillado ni agua corriente, la llevaban en pipas y se hacían tremendas colas para, cubo a cubo, llenar los barriles. Muchas casas eran de madera, con el techo de zinc o de cartón de techo; las había también de mampostería techadas con tejas. Pero la mayoría eran casitas de pedazos de madera, cartón, con el piso de tierra. También había muchas cuarterías.

En aquel barrio todos los vecinos eran pobres y la mayoría negros. Tu papá consiguió trabajo en un pequeño expreso llamado *Meteoro*, con un salario muy bajo; la situación económica era muy difícil, él no se llevaba con nadie, vivía en un mundo que, por momentos, yo consideraba irreal. De su trabajo para la casa, comer, dormir, dormir y comer y no inmiscuirse en ninguno de los problemas de la familia.

En aquellos momentos sólo estudiabas tú. ¡Dios mío!, qué angustia: si la matrícula del Instituto costaba tres pesos y no podíamos pagarla y teníamos que solicitarla gratis, a través de la Asociación de Alumnos, ¿cómo podríamos pagar la de la Universidad, que costaba mucho más? Para poder sobrevivir puse una escuelita paga, cosíamos, hacíamos cuadritos de yeso para vender...

En ese tiempo murió mi mamá. Yo sentí mucho su pérdida y, en medio de la tristeza que me produjo su enfermedad, tuve la dicha de estar con ella, a su lado, hasta que le cerré los ojos. A partir de entonces, el vínculo con la familia materna se redujo a vernos de vez en cuando. A pesar de eso no dejamos de querernos, aunque nos veíamos poco. Ahora sólo quedamos tu tía Gloria y yo.

Aquella etapa de mi vida no se diferenció mucho de las anteriores. Rubiera y yo nos llevábamos casi como si fuéramos hermanos, pero tenía tantas cosas de qué ocuparme y de qué preocuparme, que aquello pasó a ocupar un segundo plano en mi vida; él nunca dejó de hacer el amor conmigo, aunque no con tanta asiduidad como antes.

Chicharrones, como barrio pobre que era, nos hacía vivir como en una gran familia: nos socorríamos los unos a los otros en todas nuestras necesidades, las que eran bastantes. Yo tenía dos vecinas con muchos hijos y sin maridos, trabajaban en lo que podían, no sabían ni leer ni escribir.

A dos puertas de mi casa había un ventorrillo y sus hijos se disputaban los desperdicios de frutas y otras cosas que el dependiente botaba. A uno de esos muchachos le decían Cocó. Un día que yo entré al ventorrillo, para comprar algunas cosas, lo vi comiendo de lo que sacaba de la basura y, desde entonces, de lo que se cocinara en mi casa, por poco que fuera, yo sacaba un poquito para Cocó. A pesar del tiempo que ha pasado, él se mantiene vinculado a mi familia.

Yo sé que tú recuerdas cómo eran las cosas en aquellos tiempos. Y doy gracias a Dios de que ustedes, hasta en los momentos más difíciles, tuvieron aunque fuera harina con picadillo que comer. Y aunque una vara de tela valía veinte quilos —antes se medía por varas y no por metros como ahora— y eran telas de poca calidad (porque las sedas y los encajes no estaban al alcance de los pobres) ustedes nunca se vieron desnudos en aquel tiempo en que la mayoría de la población andaba mal vestida y harapienta.

En Chicharrones se jugaba mucha bolita y charada. Los pobres, con la esperanza de ganar algún dinerito, lo que hacíamos era perder lo poco que teníamos; y digo teníamos, porque yo tambíen jugaba. Muchas veces tuve suerte y gané, pero muy poco, porque nunca le pude poner a un número más de un medio: tres centavos fijo y dos corrido. Aquel dinero que perdíamos engrosaba los bolsillos de los que manejaban aquel negocio.

Cuando triunfó la Revolución yo vivía en aquel mismo reparto. Durante la Campaña de Alfabetización[42] alfabeticé a unas cuantas personas. Tuve que hacerlo en el barrio, yo no podía ir al campo. Lo hice con mucho amor; a mí, que me gustaba tanto aprender, ¡cómo no iba a enseñar a los demás! Tú sabes cuáles fueron mis primeras alumnas, las vecinas que ya mencioné. La Crisis de Octubre[43] también me cogió en aquel barrio. Trabajé mucho junto con los compañeros del Comité de Defensa de la Revolución[44], en la recogida de palas, picos y machetes. También pasé un curso de primeros auxilios: había que estar preparado para lo que viniera. Aquellos fueron momentos de mucha tensión, pero estábamos firmes y decididos a defender nuestra independencia y nuestra soberanía.

Miedos y gustos

Nunca fui una persona miedosa; de niña me gustaba sentarme en el patio de mi casa para mirar las estrellas, pensaba que me saludaban, como cuando una persona te guiña un ojo. Pero le tengo miedo a los truenos y a los rayos, a las culebras y al majá. Si hay algo por lo que siento repugnancia es por las ranas y las cucarachas. Yo me *pelié* con un vecino que tuve allá en Banes, porque sabía que las ranas me repugnaban y un día me trajo un cartucho, cerrradito, y me dijo:

—Mira, Reyita, te traje unos turrones.

—Gracias, Edilberto.

¡Ay, muchacha! Cuando lo abrí y metí la mano —sin revisar— sentí una cosa fría así, y cuando saqué, era una rana. ¡Qué rabia! No se lo perdoné nunca.

Respeto a los ratones, con ellos hay que tener cuidado. Allá en el monte, se colaban en la cama y te roían los pies; y como soplan al comer, tu no lo sientes.

Más que miedo le tengo a los jubos. Esos animales son un fenómeno; menos mal que nada más los hay en el monte y la vida se ha modernizado mucho. Ya no se corre peligro.

¡Fíjate! cuentan que cuando las mujeres estaban paridas, por la noche los jubos se subían en la cama, bajeaban* con su aliento a la mujer, que se dormía profundamente; entonces le metían la cola a los niños en la boca para que creyeran que era un teto y no lloraran. Y mientras tanto, ellos le mamaban la leche a la madre. Casos de esos se dieron muchos en monte adentro, en la época en que yo era niña.

Lo que menos me gusta en la vida son los ladrones, o los cleptómanos. Los primeros son unos sinvergüenzas y los segundos son unos enfermos. Había una canción, ¿te acuerdas?, decía... *era una cleptómana/... robaba por un goce/ de indómita afición...*[45]. Más o menos, no la recuerdo bien. Me encantan las personas honestas, honradas que se lleven bien con todo el mundo, que sean sencillas. También me gusta hacer y que me hagan cuentos. ¡De todo tipo! Je, je, je. Te voy a hacer uno muy viejo...

Había una vez un matrimonio de haitianos que vivía en el monte. Una vez que fueron al pueblo conocieron a otro matrimonio y lo invitaron a ir a su casa.

El domingo siguiente ellos fueron y los haitianos se esmeraron en atenderlos, sobre todo con la comida. El matrimonio invitado decidió volver.

El próximo domingo la haitiana siente un canto, que no entendía pero ¡qué sorpresa! eran los amigos que venían a visitarlos nuevamente. De nuevo comieron como unos bárbaros.

---

* Embrujar, hechizar, engatusar, generalmente con fin avieso. Los campesinos creen que el majá adormece con su aliento a su presa.

Y así y así, domingo tras domingo; y siempre llegaban cantando.

Un día la mujer se puso a prestarle atención al canto y le dice al marido:

—Ay, Manué, ¿tú ta oí lo que ta vení cantá eta gente?

—No, mujé, ¿que ta decí?

—«Vamo a case lo bobo, vamo a case lo bobo» ¿Tú no ta oí?

—¡Ah, si mujé!, eso mimitico e.

—Tú ta i pa la cocina y ta quitá la olla del fogón.

Y cuando los visitantes llegaron con una gran sonrisa, la haitiana empezó a cantar:

—Bobo ya ta sabiendo, bobo ya ta sabiendo.

No brindaron ni café, no les rieron ninguna gracia y se los quitaron de arriba*.

Allá en el campo me gustaba que me llevaran a los velorios. Eran un acontecimiento; se reunía toda la vecindad, sobre todo por la noche. Los familiares más lejanos de la persona fallecida eran los encargados de hacer el ajiaco ¡tremendo ajiaco!, que si le daban al muerto, resucitaba. Eso era para pasar la noche, mucho café y tabaco, de vez en cuando veías pasar alguna que otra botella de ron.

Ya despúes de medianoche la gente, para no dormirse, hacía grupitos y ¡a hacer cuentos!: colorados, rosados y azules, de todos los colores. Se hacían muchas maldades, le ponían tabacos de papeles encendidos a los que se dormían con la boca abierta, fósforos encendidos en los zapatos a otros dormilones. El colmo fue una vez que le amarraron al muerto, en la cintura, una soga de cáñamo bien apretada. Eso lo hicieron por el día y por la noche tarde ¡pam!, el muerto se sentó en la caja. Pies pa' que te tengo, a correr todo el mundo; hasta los familiares corrieron, dejaron al muerto solo sentado como un general en la caja.

---

*   Cuento popular tradicional .

No, yo no lo vi, eso lo contaban en mi casa cuando los mayores conversaban. Oye, te voy a decir una cosa, cuando cuatro o cinco viejos se ponían a conversar, ¡se decían cada cosas!: comentarios, leyendas de aparecidos, mitos, yo creo que hasta sus mentiritas. Hay otras muchas cosas que me gustan, leer es una de ellas. Ahora estoy releyendo la Biblia. Me gusta oír el radio, me encantan las novelas radiales y las que dan en la televisión; las novelas brasileñas que están dando ahora me entretienen. Me gustan los programas que dan consejos para la vida; cuando los oigo me hacen sentir mejor, me hacen sentir nueva.

Cuando tiembla la tierra

Yo no le tengo miedo a los temblores. Hubo uno muy grande cuando yo era niña, pero no me acuerdo; en esta parte del país tiembla mucho. Las personas creen que están acostumbradas, pero mentira, cuando la tierra se estremece no hay quien se quede tranquilo: las personas corren casi siempre para la calle, y eso es lo más peligroso que hay, por los cables del tendido eléctrico y las matas grandes que hay en las aceras. Otras personas se arrodillan a pedir misericordia, es un caos lo que se forma... ¡cuando tiembla la tierra!

Aquí en Santiago ha habido varios temblores muy fuertes, para mí han sido ¡terremotos! Recuerdo uno grande, en los años '30 y otro muy fuerte en los '40; el de aquel año no fue una sola sacudida, sino varias, tembló a cada rato más o menos fuerte durante tres o cuatro días. Cuando era más joven me gustaba sentarme en el suelo, para sentir su efecto, para que pasara por mí, y entonces te quedaba aquella sensación... Yo no sé, pero no me causaba ese pavor que siente la gente; al contrario, también me gustaba poner los pies en el suelo para sentirlo. Yo le perdí el temor después que pasó el temblor del '32; sí, creo que fue en el '31 o en el '32. Ahora sigo sin tenerles miedo.

¡Ay, Dios mío!, pero recuerdo la noche aquella: unos gritaban, otros lloraban, otros corrían. Eso fue cuando el de los años '40, vivíamos en Barracones. Era de noche, estábamos sentados en la sala de la casa, conversando; de momento, un temblor, ¡ay, misericordia!, y pasó, pero como a los cinco minutos vino uno, ¡muchacha! que no hubo quien no comenzara a pedir misericordia. Ese fue un temblor muy grande; tu papá se volvió loco, quería salir para la calle, quería que saliéramos y yo le decía:

—No, por la puerta de la calle no, porque está el tendido eléctrico y puede caer un alambre de esos.

Pero como él insistía, lo cogí así, por los hombros, lo sacudí, y le di ¡un empujón!, y le dije:

—Por atrás, por el patio.

Y tumbamos el tablado, la cerca del patio, que era de zinc, la tumbamos y nos fuimos todos para el traspatio. La casa tenía un solar muy grande que abarcaba el fondo de las tres casas, esa parte no estaba dividida —allí fue donde fabricaron muchos años después la droguería *Mestre y Espinosa*—. En aquel solar se refugiaron casi todos los vecinos de la cuadra. Hicimos tiendas de campaña con lonas —de las que usaban para tapar las mercancías en los carros del expreso—. Cuando temblaba, después que salía de la casa me sentía segura, porque lo único que me preocupaba era que se cayera el techo. Ahora, como estoy vieja no me puedo sentar en el suelo y lo que hago es quedarme muy tranquilita donde me coja. Pero no sé por qué ahora no tiembla tanto como antes.

Agua y viento

Si bien no temo a los temblores, los ciclones sí me dan pánico. Para esta parte del país no entran casi, pero el día que pasó el Flora[46], ¡mi madre!; y cuando salió y recurvó ¡no me quiero ni acordar de aquello! Eso fue en el 1963, creo que en septiembre o en octubre, no recuerdo bien el mes. Todo el mundo atento a los partes meteorológicos que daban por el radio, la televisión, que salían en los periódicos.

Ya con la seguridad del peligro que se nos venía encima, comenzamos a tomar medidas de precaución: preparar la reserva de agua, la lámpara de luz brillante*, el quinqué; tener a la mano los fósforos, las velas, martillo, clavos, pedazos de madera, por si había que asegurar alguna puerta. Compramos —dentro de las posibilidades de lo que se podía adquirir— galletas, pan, viandas, huevos; en fin, nos preparamos para aquello, para lo que no estábamos acostumbrados, para lo desconocido, aunque es mejor que el temblor porque se pueden tomar medidas preventivas.

El cielo comenzó a ennegrecerse, empezaron las lluvias y el aire†, la preocupación era mucha. Apenas se dormía, era como si estuviéramos en una guardia casi permanente. Yo me sentía bastante segura: mi casa era buena —de placa—, estaba en un lugar donde no era posible una inundación. Las casas de mis hijos tampoco corrían peligro. Pero tenía tremenda angustia ¿qué iba a pasar?, las noticias eran alarmantes. El Gobierno tomaba todas las medidas necesarias para evitar grandes desastres. El viento comenzó a soplar tan fuerte que parecía el rugido de un león, los árboles sembrados en las aceras de mi calle parecía que se iban a caer. Comenzaron los torrenciales aguaceros; yo no sé qué hizo más daño, si el agua o el viento. Ese desgraciado ciclón no tenía para cuando acabar.

Yo no vivía. Todos tus hermanos movilizados por la milicia[17]; la que tenía más cerca era a ti ¿recuerdas la tarde en que fuimos debajo del agua a comprar leche? Aquello fue terrible, el zanjón se desbordó —ese zanjón es el desagüe de la ciudad hacia la playa de Aguadores—. Un hombre resbaló, cayó, no pudimos hacer nada por él, el

---

*   Queroseno.
†   Viento.

agua se lo llevó, ¡el hombre se ahogó! Aquella tarde comenzó la evacuación de todos los vecinos de la Rebalisa*. En la escuela primaria «30 de Noviembre»[48] se improvisó un albergue. Menos mal que como tú trabajaste allí con los otros milicianos, estabas cerca de la casa y podías darnos vueltas a los muchachos y a mí.

Tuve, además de cuidar a mis nietos, que brindar albergue a una niña de las que estaban en la escuela, porque con la humedad cogió bronquitis y en el hospital infantil sólo estaban ingresando a los más graves, que eran muchos. El país quedó hecho un desastre, hubo pérdidas de todo tipo. Pero a pesar de todas aquellas calamidades no perdimos ni la fe ni la confianza… porque después que pasa el agua y el viento, siempre vuelve a salir el sol.

Iyá, la panza; panza, Iyá

A mí me gusta mucho el baile, a pesar de que casi no he bailado, porque mi mamá no me dejaba; y, después que me casé, menos, a tu papá no le agradaban las fiestas. Una vez, allá en La Maya, Isabel por poco me mata. Frente a la casa donde vivíamos había un grupo de muchachones que se reunía al atardecer para tocar guitarra, claves y tambores. Todas las muchachas del barrio iban y se ponían a cantar y a bailar allí. Yo todavía no era señorita cuando aquello, era bien chiquita, pero me llamaba la atención, me gustaba. Un día, como Isabel estaba en el trabajo, me metí en la cumbanchita†. ¡Ay, muchacha!, no me di cuenta del tiempo, y cuando más divertida estaba bailoteando siento que me cogen por un moño y me halan, ¡era mi mamá! Me sacó a empujones y me decía:

—Tú, como siempre, de mona.

---

*   Barrio de la ciudad de Santiago de Cuba.
†   Cierto tipo de fiestas bulliciosas y de mucho regocijo.

Pero a mis hermanas, que también estaban allí, ella no las sacó.

También me gustaban las comparsas. En La Maya salían muchas para las fiestas de San José. Un día, con mi prima Guarina me metí en una —yo vivía cuando aquello con mi tío Juan—. Ibamos arrollando detrás de una que llevaba un cantico que decía: *Iyá, la panza; panza, Iyá*. Yo iba toda desbaratada al compás de la música. Por una de las calles que pasamos siento que dicen:

—¿Qué es lo que hacen ustedes en esa comparsa? ¡Salgan de ahí rápido!

Y ya, se acabó la comparsa. Aquello terminó con tremendo castigo.

Me gustan los carnavales, es una fiesta muy alegre y sobre todo muy colectiva. Aquí en Santiago eso era tremendo acontecimiento, venían gentes de todo el país. Hubo una época que duraban un mes, después los fueron acortando. Ahora son de diez días o una semana, pero ya no tienen el brillo y el colorido de antes. Me gustaba ver pasar —desde la puerta de mi casa— a los mamarrachos.

Los barrios tradicionales como El Tivolí, Los Hoyos, San Agustín y Trocha, tenían sus comparsas. Se pasaban como un mes ensayando; salían a visitarse de un barrio a otro, aquello se llamaba la invasión —era el choque de más de una comparsa—; la de Los Hoyos y la de Paso Franco eran las más tradicionales y las históricamente rivales. Cuando comenzaban las fiestas desfilaban por delante del jurado, con estandartes, banderolas, farolas; y, lo mejor de todo, la música tan rica y pegajosa con aquellos cantos satíricos criticando la situación que estuviera en el tapete. Todas las comparsas llevaban un *gallo tapa'o*[*]: era un cuadro de danza, teatral, en fin, para asegurar poder

---

[*] El *gallo tapa'o* era cierto tipo de rifa muy popular en la población. A cada participante correspondía no el número que escogiera, sino el que destapara al azar. Por extensión, se usa para referirse a lo que es imposible de predecir.

ocupar el primer lugar. Era emocionante cuando lo destapaban.

Los comparseros se pasaban el año entero ahorrando para comprarse sus trajes: ellos mandaban unas tarjeticas —las vendían con un versito— a una cantidad de personas, que de hecho se convertían en sus madrinas o padrinos. El día del desfile pasaban por sus casas, y estos les cosían al disfraz moños de cintas de colores con dinero; se veían muy bonitos y llamativos, era todo un mosaico de colores la camisa del que tenía muchos padrinos y madrinas, los que a pesar de ser personajes invisibles en los carnavales, eran los que les daban el toque final al colorido del traje del comparsero.

Las capas eran uno de los atractivos de los desfiles carnavalescos; generalmente eran grandes, largas, con algún diseño bordado en lentejuelas, canutillos, hilos brillantes y bordeadas de flecos, era un orgullo para el que la llevaba. Las hubo preciosas y lujosas. Dentro de la comparsa, el capero era un personaje muy importante por el realce que le daba. Mi primo Chino era capero de la comparsa de Los Hoyos. Una vez se hizo una con la imagen de la Virgen de La Caridad del Cobre que era una preciosidad. Muchos santiagueros añoraron tener una capa para los carnavales, pero eso era muy costoso.

En las calles tradicionales de la Trocha y el Paseo de Martí, se hacían quioscos de lado y lado de la calle —en las aceras, que son muy anchas—, eran preciosos. Esos dos barrios competían también en eso, pero casi siempre ganaba la Trocha. Vendían de todo: cerveza, ron, refrescos embotellados, fricasé de macho, chilindrón* de chivo, ayacas, viandas hervidas, tostones†; también había puestecitos que vendían frituras de bacalao, empanadillas,

---

*   Chilindrón. Especie de estofado muy sustancioso, hecho con carne de chivo.

†   Ruedas gruesas de plátano verde aplastadas y fritas.

mariquitas* , frutas, pru, refrescos de frutas. En fin, había para todos los gustos y para todos los bolsillos.

Las calles de los diferentes barrios se engalanaban con papeles de colores, farolitos, pencas de coco y muchas luces. Aquellos adornos colgaban de alambres que atravesaban de un lado a otro la calle y formaban diferentes figuras. Mientras mejor y más bonitas quedaran, más posibilidades de ganar el primer premio; porque las calles también concursaban. Había algunas en las que sus vecinos, además de entusiastas, eran muy curiosos.

Las vidrieras de los comercios las adornaban con motivos carnavalescos. Por las calles pasaban carritos vendiendo piticos, matracas, caretas, sombreros de todo tipo, bastones de colores, abanicos de yarey y de cartón. Otra cosa muy bella eran las carrozas. Recuerdo que en los primeros carnavales que se dieron en Bayamo —porque allí lo tradicional era la fiesta del Día de Reyes—, eso fue por el '54 o el '55, se paseó una por toda la ciudad con las ¡Mulatas de Fuego![49]. ¡Ay, muchacha! Por poco se divorcian casi todos los matrimonios de allí, porque los hombres andaban babeados detrás de la carroza que llevaba aquellas mujeres medio *encueras*. ¡Eran tremendas mujeres!

Yo sufrí un poco en los días de los carnavales. Como a Rubiera no le gustaban las fiestas, no me dejaba salir; y menos a ustedes, que eran jóvenes y les gustaba divertirse. Tú quizás no te acuerdes cuántas peripecias tuve que hacer para que tu papá no se diera cuenta cuando Nené salió en una comparsa. ¿Recuerdas la vez que Monín, Moña y Nené se fueron a arrollar con la de Paso Franco? Vivíamos en Cristina. Rubiera los mandó a acostar temprano, y ellos se fueron por la puerta del patio; y cuando la conga pasó por la puerta de la casa, el viejo estaba asomado a la ventana; los muchachos llevaban la cara tapada con un pañuelo y cuando pasaron por delante de él, Monín le apretó la nariz, y él, indignado, dijo:

---

*   Lascas muy finas de plátano verde, fritas.

—¡Me cago en tu madre, negro de mierda! —Qué se iba a imaginar que era su propio hijo. Al otro día nos reímos muchísimo de eso.

A fuerza de explicarle que ustedes eran jóvenes, que tenían derecho a divertirse, un año él cogió un camión del expreso y les dijo que lo adornaran, que nos iba a llevar a carnavalear. Aquello se usaba: se adornaban los camiones y las camionetas y se paseaban por todas las calles donde se desarrollaban las fiestas. ¡Que alegría! Dejamos el camión de lo más bonito, lo adornamos con pencas de coco, papelitos de colores, le pusimos dos bancos largos. Cuando llegó la noche, nos montamos todos. Rubiera fue a invitar a mi mamá y recogimos a Isabel, que aceptó. ¡Le zumba el mango!* Lo que nos hizo no tuvo perdón: nos paseó por las calles más oscuras y solitarias de Santiago. No se lo perdoné; me dio mucha pena con mi mamá, con ustedes y conmigo misma. Por eso, a partir de aquel día, a escondidas de él, yo les daba permiso a ustedes para que salieran, fueran al cine, a bailar, y después, ¡lo que fuera! Con los varones no tuve necesidad de hacerlo, ellos se escapaban y yo me hacía de la vista gorda.

Ahora bailo los días de mi cumpleaños —si hay otra ocasión que lo amerite, también lo hago—, escojo la música que se va a poner, la que esté de moda, y bailo un poco con mis hijos y con mis nietos, nos divertimos mucho. Y cuando me acuerdo, nos cogemos unos a otros por la cintura y cantamos, *Iyá, la panza; panza, Iyá.* Este año —1996— escogí la que estaba, como dicen ustedes, en el «jit parey»† : un son de Adalberto Alvarez[50] que se llama *El toca toca.* Lo bailé con mi nieto Kiko, mientras el resto de mis familiares, amigos y vecinos me rodeaban, coreando la canción. ¡Me divertí mucho, pero mucho! Aquí también

---

*   Frase con la cual se subraya algo que es inaudito.
†   *Hit Parade.*

estaba mi hermana Gloria, a la que fueron a buscar a su casa desde por la tarde; eso también me proporcionó mucha alegría.

Cuando tu sobrino Anselmo hace poco vino del extranjero, su barco entró por aquí, por Santiago; enseguida vino a verme y le dijo a Tata;

—Vísteme a mi abuela.

—¿Para qué, adónde la vas a llevar?

—A pasear.

Me llevó a un centro turístico que hay aquí en Santiago que se llama «Miguel Matamoros»[51]. Allí comimos y me di mis tragos, quise cantar con un guitarrista y también lo hice. Parece que le llamé la atención a unos americanos que estaban allí; ellos hablaron de mí, en su idioma, yo los entendí y les contesté —yo entiendo un poco ese idioma—, se sentaron a la mesa con nosotros; ellos estaban maravillados de ver a una persona de mi edad tan dispuesta y tan alegre, nos divertimos mucho. Como a las doce de la noche, le dije a mi nieto:

—Llévame para la casa, creo que ya estoy borracha.

Cuando llegamos, tu hermana se quiso morir; le dijo miles de insultos a Anselmo, él sólo le contestó:

—¡Ah, tía! Eso es una inyección de vida para mi abuela, para encontrarla ahí cuando yo vuelva.

Macuní suncí, macuní sunzá'

Me gustaba mucho cantar. Siempre estaba cantando. Hace como quince años que apenas lo hago, después que tu hijo se murió en aquel accidente: es una cosa así, una tristeza… A veces, cuando canto me asusto, me parece que estoy haciendo algo malo. Hay cosas que se graban en el alma ¡Y mira que yo cantaba bonito!

Tenía dos primos trovadores, de vez en cuando iban a mi casa y se ponían a cantar. Me gustan mucho las canciones de la trova tradicional, las de la nueva también me gustan; para mí, las letras de las de antes eran más bonitas que las de ahora, eran más románticas, más sentimentales. Me gustaban mucho los tangos, los de Carlos Gardel[52]. Yo siempre cantaba uno que se llamaba *Silencio en la noche*, ese era el que más me gustaba.

En los primeros veinte años de la República, cuando inauguraban algún comercio, alguna fábrica, anunciaban por las calles con bocinas. Recuerdo una canción que le sacaron a la fábrica de Ron «Bacardí» que decía:

Salve industria oriental
tan rico aroma
que es del cubano la sin par locura
salve el cerebro que con tal cordura
nos brinda el néctar que el man toma
desde el florido valle hasta la loma
del hombre en su dolor siempre lo cura
en vaso cristalino que fulgura
cual es el lindo sol que en Oriente asoma
Ron Bacardí, Bacardí
al triste moribundo
tú le devuelves la salud perdida
eres alivio de dolor profundo
y en vaso cristalino que fulgura
hoy te proclaman lo mejor del mundo.

Me encantaba cantarles a ustedes —y luego a mis nietos— para dormirlos; por eso tenía un gran repertorio que, además de mis hijas, lo heredaron mis nueras y mis nietas y lo utilizan como lo hacía yo. La que más me gustaba era *Macuní suncí, macuní sunzá*, decía:

Macuní suncí, macuní sunzá,
dame la sortija,
dame la sortija,
dame la sortija,
que en tu mano está.
Si no me la das,
si no me la das,
si no me la das,

> *me echaré a llorar,*
> *me echaré a llorar,*
> *me echaré a llorar.*

A ti te gustaba *Don Tribilín*. ¿Te acuerdas cómo decía? A mí no se me olvida, esa era así:

> *Yo soy don Tribilín, para servirle a usted,*
> *que casi diariamente me quedo sin dormir;*
> *salgo a la calle, vuelvo a salir,*
> *me tiro por los balcones, rompo el bombín,*
> *no tengo una peseta, para vivir,*
> *cuando voy al parque, me suelen decir*
> *don Tribilín tiene un violín,*
> *que cuando lo toca, fuin, fuin, fuin.*

Me sé muchos cantos de cuna preciosos y otros de entretenimientos. Las madres modernas no les cantan a sus hijos. Los niños ahora —en su mayoría— se distraen con la televisión.

Camino a la historia

Cuando cayó la dictadura de Batista, en 1959, el reencuentro con mis hijos fue una tremenda alegría. El 2 de enero, después de ir a darle las gracias a la Virgen de la Caridad del Cobre, porque me los devolvió con vida, salimos para Bayamo, en un camión que le prestaron a tu papá en el expreso donde trabajaba. Allí encontramos a los muchachos. ¡Qué lindos! Con su uniforme verde olivo y el pelo y la barba largos; uno, con grados de oficial. Eran el digno relevo mambí de mis antepasados y de mi padre. Pasamos con ellos un par de días, pues tenían que seguir para La Habana

En Santiago, me incorporé a la Revolución: al Comité de Defensa, a la Federación de Mujeres Cubanas[53], a la Milicia Nacional Revolucionaria[54]. Tú ingresaste en la Universidad, ¡qué felicidad! Al fin logré que aunque fuera uno de mis hijos tuviera esa oportunidad.

Un rudo golpe me tenía reservado el destino. El imperialismo yanqui había perpetrado un nuevo sabotaje contra la Revolución. La explosión del buque *La Coubre*[55]. El radio comenzó a dar las noticias con la relación de los muertos, aquello fue tan terrible que todo el mundo estaba compungido, indignado.

Rubiera llegó de Bayamo por la noche, con la noticia de que Monín estaba en el muelle cuando la explosión, y que estaba herido. ¡Ay, Dios mío, mi hijo! Yo me quería ir para La Habana, pero no había en qué: el aeropuerto estaba cerrado, no había vuelos, todo estaba en manos del Ejército. Pasé la noche muy angustiada, sin pegar los ojos... tenía miedo. Al otro día, muy temprano en la mañana, estaba parada en la puerta de la calle cuando vi desembocar por la esquina, casi corriendo, a tu hermana Moña. Cuando llegó junto a mí, toda llorosa, me abrazó fuerte, muy fuerte... No necesité palabras y le dije:

—Está muerto, ¿verdad?

—Sí, mama, yo lo oí, esta mañanita, en la relación que dieron por Radio Reloj.

No quisiera tener que hablar de aquello..., pero como tú dices que es necesario, voy a hacer un esfuerzo... Son mis recuerdos ¿no...? Lo que vino después fue tan duro como su muerte: teníamos el televisor roto, yo quería verlo todo, todo lo que se trasmitiera; comenzaron a llegar —según se iban enterando— familiares y amigos. Elsa, la vecina de enfrente, me brindó su casa para que viera la televisión, aquello parecía una funeraria..., la gente llegaba con ramos de flores..., no sé quién puso una palangana de lavar, grande, con agua, y ahí se depositaban.

Aquello fue como un velorio... Nosotros, todos los familiares y amigos... Y el féretro... ¡en la pantalla de la televisión! ¡Ay, Dios mío! ¡Mi hijo! ¿Por qué me haces hablar de aquello...? Fue mucho mi sufrimiento... A mi lado su esposa Elsa —que estaba embarazada—; sobre mis piernas, sus dos pequeños hijos, Carlitos y Conchita. Y para más dolor, cada vez que enfocaban la cámara en el lugar donde estaba su caja, mi hijo Nené, ¡solo!, sin otro familiar que lo acompañara a pasar aquel dolor tan grande.

A Nené lo llamaron por teléfono a Bayamo, en cuanto fue identificado el cadáver —él trabajaba en aquella ciudad—. Como tu papá estaba allá le dijo: «Pancho, me avisaron que Monín está herido, ve para Santiago, que yo voy urgente para La Habana.»

No quiso decirle que estaba muerto, no sabía cómo iba a reaccionar; también tenía miedo de cómo el viejo me daría la noticia. Nené fue manejando, como un loco, hasta Camagüey y allí cogió un avión militar que lo trasladó a La Habana.

Aquello fue terrible, aún recuerdo la voz de Pinelli[56], narrando hasta el último de los detalles... Las calles como una alfombra de flores para que pasaran los carros fúnebres, todo el pueblo en la calle, la despedida del duelo...¡Con qué dolor y con qué firmeza habló Fidel! No se cómo pude resistir aquello... ¡Se me iba mi hijo!

Cinco días después se le presentó el parto a Elsa. Parió un varón, ese fue un regalo de la Virgen; ella se llevó uno, el que yo le había pedido prestado, pero ¡me mandó otro! Por eso le pusimos el nombre de su papá, ¡Anselmo! Su nacimiento me hizo despertar del letargo en que había caído: ahí estaban sus hijos, tenía que hacerlos hombres y mujer, hacer lo que ya él no podía. También tenía que ayudar a su mujer, aquella muchacha a la que la vida golpeó tan fuertemente.

Me reanimé un poco, el sufrimiento iba por dentro. Esos dolores nunca desaparecen y tú lo sabes, porque también perdiste un hijo. Me quedaba el encuentro con Nené... ¿Por qué no llegaba...? ¿Por qué tardaba tanto...? ¡Pobre mi hijo! Yo sabía que él estaba haciendo acopio de fuerzas para enfrentarse conmigo, que estaba buscando argumentos para explicarme la muerte de su hermano... En su terrible dolor, él no se percató, ni en aquel momento ni después, de que todo aquello lo habían televisado. Creía que yo no sabía nada.

El día que llegó, dio la casualidad de que fui yo la que abrió la puerta cuando tocaron. Era él... Nos miramos en silencio... Sin lágrimas en los ojos. Sentí la necesidad de protegerlo de más sufrimientos, y sólo le dije;

—¡Perdiste a tu compañero!

Aquello fue tan duro..., pero tan duro para él, que llegó a Santiago encanecido; encaneció de la mañana a la noche. Pero se fortaleció, se fortaleció mucho, a tal extremo que a los dos años fue a La Habana, sacó los restos de su hermano y los trajo. Trajo aquella cajita a su lado, pegada a su cuerpo durante todo el viaje, que se le hizo más largo porque él venía manejando... Cuando llegó me dijo: «¡Mama, ya Monín está aquí, cerca de nosotros, lo acabo de depositar en Santa Ifigenia[57]..., ya puedes ir a llevarle flores!» Todo aquello marcó mucho a tu hermano Nené.

Le había pedido prestado a Monín a mi Virgencita y me lo concedió, al salvarlo cuando era niño. Y al llevárselo, lo hizo de la mejor manera, ¡lo entró en la historia! Porque «morir por la patria es vivir» —como dice nuestro *Himno Nacional*—, porque aunque él cayó allí, está aquí, en nuestros corazones, porque para nosotros, ¡Monín, sigue viviendo!

Capítulo 4

Yo.
Sola yo. Mujer
empecinada. Cuanto tengo
a la vida pedí. Me ha dado todo.
Fuerza tremenda
desde entonces hasta hoy.
Ninguna tempestad ha derribado
mi tronco, ni puesto al aire mis raíces.
¿Mis ramas? Ahí están:
multiplicadas, floreciendo.
Soy
fuente del amor y de la vida

Boda de Pura, la hija mayor. De izquierda a derecha aparecen Rebeca, una de las niñas que Reyita crió; María Elena, su nieta; tres de sus hijas: Carlota, María de los Angeles ("Moña") y Daisy; María Antonia, hermana de Rebeca

Ganar lo mío

Recién casada yo obedecía mucho a mi marido. El era caprichoso para comer: me tenía que levantar mucho más temprano, porque se desayunaba con arroz blanco, huevos fritos y un vaso de vino Sansón. Además de eso, cuando lo despertaba le ponía las medias, le calzaba el calzoncillo y el pantalón de manera que él, cuando se levantaba, solamente tenía que meter los pies en los zapatos y acabar de subirse el calzoncillo y el pantalón y abrochárselos. Eso no me lo exigía, yo lo hice durante mucho tiempo a gusto.

Tu papá no me dejaba desenvolverme como yo quería, luchar para llenar las ambiciones de ustedes. No podía hacerlo, Rubiera no me dejaba; él los quería mucho, nunca los tuvo a menos, pero las aspiraciones que yo tenía él nunca las tuvo. Yo quería que ustedes fueran algo en la vida.

El los quería decentes, honestos, trabajadores. Pero cuando me decía «ponlos a trabajar», ¿qué quería decir con eso?: lavar, planchar, cargar sacos, eh, ¡y yo no quería eso!; ni que mis hijos trabajaran en la calle tan jóvenes y, mucho menos, que les sirvieran de criados a nadie. Deseaba verlos progresar, que no fueran unos *cualquieras*. Esa era mi ilusión y para eso tenía que esforzarme.

Cuando mis hijos crecieron y comenzaron a asomarse a la vida y fueron teniendo conocimiento de la existencia, yo batallé para hacerlos salir adelante. Pero Rubiera no me dejaba, por estar siempre pensando que la mujer tenía que consagrarse a los quehaceres de la casa y ya. Entonces yo lo sacrifiqué todo, me sacrifiqué como mujer para ser solamente madre, tuve que romper con la tradición y comenzar a luchar sola.

Por eso me separé de Rubiera. ¡No!, no me *pelié* con él, comencé a hacer una vida independiente de tu papá para poder, por mi cuenta, darle a ustedes lo que yo añoraba: una educación, desarrollarles su personalidad, cuidar del ambiente en que se iban a desenvolver, no mezclarlos con lo difícil de la vida. ¿Tú entiendes? Yo no podía ser feliz a costa de la felicidad de ustedes, y educarlos y desarrollarlos era ayudarlos a ser hombres y mujeres libres. Pero Rubiera no tenía esos criterios.

Sólo yo sabía lo que pasaba dentro de la casa; que nadie se enterara de mis angustias y de mis carencias. Nunca pasé hambre, pero sí tuve mucha falta de afecto, de estímulo; no pude lograr algo que siempre deseé: salir a pasear con mi marido y con mis hijos, nunca pude darme ese gusto ¡y hubiera sido tan lindo!

Por todo eso sentía la necesidad de ser una persona independiente y me dediqué a trabajar —algo que siempre me gustó— para ganar lo mío, no depender de nadie, lo que significaba ser libre: la independencia económica es la única manera de ser libre. Como yo no era una persona que se pudiera ganar la vida en una oficina o en un trabajo que no fuera de sirvienta —y yo, eso no lo iba a hacer—, siempre inventé algún trabajo que pudiera realizar en mi casa.

Comencé por poner un tren de cantinas. El hijo del dueño del *Expreso Velar* se casó con una mujer que no sabía cocinar; él me propuso que le hiciera la comida, ella la encontraba tan sabrosa, que decía que cocinaba muy bien; me fue haciendo la propaganda. La gente iba a mi casa, y así, y así, fui adquiriendo clientes: maestras, trabajadoras de oficinas y, sobre todo, prostitutas. Llegué a tener veintiuna cantinas*; las compraba a plazos, las pa-

---

*   Véase nota en el capítulo 2.

gaba poco a poco, en la medida en que progresaba el negocio. Tu papá, que siempre me había dado una mínima cantidad de dinero para los gastos diarios, cuando puse el tren de cantinas me la suspendió.

También lavaba y planchaba guayaberas y trajes blancos. Le lavaba a muchas personas que gustaban vestir bien y no se sentían satisfechos con el trabajo que hacían en el tren de lavado, y así me hice de otros clientes; y me ganaba mi dinerito. Tuve un tiempo en que vendí carbón, huevos y hasta perfumes; esos, los conseguía con un señor que era árabe y que tenía un almacén de perfumes, polvos, talcos, jabones. Recuerdo los galoncitos de agua de florida *Reuter* y los perfumes *Pompeya*. El me daba los productos, yo los vendía y me ganaba un tanto por ciento.

A pesar de todo no podía adquirir las cosas al contado: eran muchos los hijos y no me quedaba más remedio que comprar a plazos; porque tú podías comprar lo que necesitabas sin limitarte por el dinero que tuvieras. Cada vez que obtenía algo me sentía muy satisfecha. Una vez estaba parada con tu hermana Pura en la puerta, pasó una muchacha y le dijo: «¡Ay, que linda!, toda forrada de azul, ¡ay, si yo tuviera unos zapatos así!» Para mí era una satisfacción, porque trabajaba, para cubrir las necesidades de mi casa. Pero a esa conclusión llegué cuando por una razón material y espiritual puse la luz eléctrica.

¡Juro que me compro un radio!

A principios de los años '40 —tú estabas casi recién nacida— todavía nos alumbrábamos con quinqué. Hasta cierto punto lo veía normal: había muchas familias pobres que no tenían luz eléctrica en sus casas. A mí me encantaban las novelas radiales; en aquella época estaban dando una interpretada por María Valero y Ernesto Galindo[58], la pareja romántica más famosa del momento. Los vecinos de al lado tenían su radio en el comedor y la pared que dividía mi casa de la suya era de madera; para poder oírla me pegaba a la pared cuando mi vecina la ponía. El día en que la novela estaba más emocionante, cambiaron el radio de posición, a lo mejor ellos se dieron cuenta de cómo yo la oía —porque eran de lo más *jodíos**—. No sé si fue tristeza o indignación, pero en aquel instante ¡me juré comprarme un radio!

Lo primero que tenía que hacer era poner la luz en mi casa. No lo consulté con tu papá; hice las averiguaciones, busqué el dinero, ¡y puse la luz! ¡Ay, muchacha!, qué día aquel en que pusieron la instalación. Yo no dejé que encendieran el único bombillo que pusimos en el medio de la sala, hasta que llegara la noche. Rubiera nos miraba sin decir una palabra, no sabía si aprobaba o no lo que estaba sucediendo. Qué emoción cuando al fin llegó la hora de encenderlo; todos mis hijos rodeándome y cuando prendimos† ¡qué alegría! Tanta, que tu hermano Monín —que ya era un jovencito— se cuadró y cantó el *Himno Nacional*. ¿Divertido, verdad?, pero si se analiza bien, triste, muy triste.

Al otro día tu hermana Moña y yo fuimos a una tienda a ver los radios. Los vendían a plazos y los daban por una semana a prueba, si no te convenía por alguna razón, lo devolvías y ya. Después que puse la luz, no tenía dinero para pagar la entrada del radio; se me ocurrió pedir a prueba uno de cualquier marca, a la semana lo devolvía y en otra tienda pedía uno de otra marca. Así pasé un tiempo oyendo radios a prueba, hasta que reuní dinero y pagué la entrada para comprarme el mío.

No se me olvida, era de la marca *Firestone*. ¡Ya tenía luz y radio! Aquello fue lo que operó en mi una tremenda transfomación: había ocurrido un cambio muy grande en mi vida, ¡mi independencia! Ya podía hacer cosas sin contar con el viejo, había roto con la tradición de la sumisión al hombre de la casa. A tal extremo que un día tu papá se

---

*   Jodidos: de mal carácter.

†   Prender: acción de encender la luz eléctrica.

sentó a oír otro programa a la hora de la novela, y yo le dije:

—Ay, chico, déjame oír la novela que está muy buena.

—Bah, Mima, déjate de romanticismo.

Aquello me molestó mucho, porque él disfrutaba de la luz y del radio como si siempre lo hubiera tenido, y le dije:

—No, Rubiera, ¡ese es mi radio!, el radio que yo me compré. —Y lo cogí, me lo llevé para la cocina y puse la novela.

Desde entonces me dediqué a trabajar con mayor ahínco: además de las cantinas puse una fondita en la casa, mi sala era muy espaciosa, por el día pegaba mis muebles a la pared y ponía dos mesitas con cuatro sillas cada una —me las hizo un carpintero del barrio y se las pagué poco a poco—, les ponía su mantel y ahí servía a mis clientes. Todo lo que necesité para mi fondita lo compré a plazos. No creas que aquello era muy elegante, pero sí había mucha limpieza.

Las personas que comían allá eran humildes: trabajadores del muelle, vendedores ambulantes y alguna que otra persona que pasaba por allí a las horas de las comidas. No les cobraba caro; en aquel tiempo las cosas eran muy difíciles, había muchos hombres sin trabajo, mucha pobreza, mucha miseria. No ganaba mucho dinero, pero así iba sacándolos a ustedes adelante.

Terminaba por la noche un poco tarde. ¡Imagínate!, cocinar, atender a todo el que llegaba y después, ¡aquel fregado! ¡Ay, mi madre!, ¡aquel fregado! Tus hermanas mayores me ayudaban, pero no me agradaba dejarles el trajín a ellas solas porque, además, había que atender a tu papá y a ustedes mismos. Cuando terminaba y me acostaba, lo que caía en la cama era un plomo, pero la mayoría de las veces no me podía dormir enseguida, porque Rubiera se antojaba y ...

El juego de sala

En 1949 ó 1950 nos mudamos para Cristina y Gasómetro, y de nuevo tuve que tomar decisiones. Teníamos un jueguito de sala de mala muerte y dos balances viejos; la casa era muy buena, grande y bonita, tenía sala y saleta, ¿te acuerdas qué fea se veía con los mueblecitos viejos? Había que comprar un juego de sala nuevo. Lo comenté con Moña, ¡esa es un personaje! Al otro día cuando regresó de sus clases me dijo:

—Mama, pasé por la mueblería *Barrios* y vi un juego de sala grande, lindo. Lo venden a plazos.

Al día siguiente fuimos las dos y lo compramos; y no conformes, también adquirimos una pareja de cuadros, un florero y flores de papel crepé, también a plazos. Arreglamos la casa, ¡se veía muy linda! Al llegar Rubiera del trabajo se insultó y me dijo:

—María*, ¡tú estás loca! Conmigo no cuentes para pagar eso.

No me importaron sus palabras. ¿Te acuerdas lo que hizo Moña al otro día? Mira, se fue para la escuela —ella quería que todas sus amigas fueran a ver los muebles nuevos de su casa— y tuvo la idea de hacerse la desmayada. Entonces los profesores mandaron a varias de sus compañeras para que la llevaran hasta la casa; llegó toda desmadejada y se tiró en el sofá —que era muy grande— con un ojo cerrado y otro abierto, para poder ver la cara de sus amigas al ver su casa tan bonita.

Esas eran las cosa de Moña, siempre fue así. Pero su orgullo de tener una casa bonita y arreglada, la satisfacción de todos ustedes, era mi premio por tanto esfuerzo, era lo que me incentivaba a continuar la lucha. Pero sin

---

* Manera en que Rubiera se dirigía a Reyita cuando estaba enojado.

138

separarme de Rubiera; mis hijos tenían que crecer junto a mamá y papá, eso es algo muy importante.

En aquella casa pude darles otro gusto, porque ustedes tenían muchas ganas de tener un arbolito de Navidad y nunca había podido comprárselo. Les puse un arbolito grande, con bolas, adornos y bombillitos de colores que se encendían y apagaban. También se hizo el nacimiento de Jesús. Con sacos de cemento vacíos, los muchachos hicieron como unas montañas; la yerbita, con soga de pita desflecada y teñida, y las figuritas las compramos. Hicimos como un laguito con un pedazo de espejo y ahí pusimos paticos y animalitos alrededor ¡Todo quedó precioso!

Ustedes estaban felices. ¿Yo? ¡Cómo no lo iba a estar también! Las cosas iban cogiendo el curso que yo quería. Ese año toda la familia estuvo reunida, celebramos la Nochebuena, el viejo cenó con nosotros y, por primera vez en la vida, me emborraché. No estaba acostumbrada a tomar bebidas alcohólicas, así que con un par de tragos, me puse «contenta». Era una doble borrachera: de ron y de felicidad.

Y compré un «frío»*

Estaba resuelta a resolver todos los problemas de mi casa y pensaba que debía comprarme un frío, pero no me decidía. En varias ocasiones le había dicho a Rubiera:

—Viejo, ¿tú no crees que ya es hora de que compremos un frío?

—Mima, ¿tú estás loca? ¿Tú crees que yo soy rico?

Como respuesta, tu papá fabricó él mismo una «nevera». Cogió una caja de madera con tapa y la forró con zinc. Alrededor de la caja y de la tapa puso una junta hecha con tiras de cámara de camión, para que no se le

---

* Refrigerador.

fuera el frío. Por la casa pasaba un vendedor de hielo, lo comprábamos y lo echábamos en la «nevera», allí se ponían las botellas de agua y alguna que otra bobería. Ya te he dicho que yo estaba acostumbrada a hacer los mandados a diario. El problema era que el hielero no pasaba siempre y entonces no había agua fría. Yo me iba cansando de tal situación.

Un día de mucho de calor que no tenía hielo en la casa — y eso pasaba a menudo— mandé a una vecinita a casa de otra vecina para que me mandara un vaso de agua fría. Cuando la niña regresó me dijo: «María, dice ella que por qué usted no compra hielo, porque siempre la está molestando.» Fue más que suficiente: al otro día me fui a resolver ese problema.

Cuando salí a comprame el frío, no tenía dinero. Yo recibía una pensión que... ¡Ay, hija! no sé si en algún momento tendré el valor para decirte lo que ella me hizo descubrir... Bueno, me fui a una tienda y escogí uno. El vendedor me dijo lo que tenía que pagar de entrada y las mensualidades. Hablé con él, no recuerdo bien cuántas cosas le dije, pero lo convencí para que, dejándole mis papeles de la pensión como garantía, me dejara llevar el frío, que al mes siguiente yo le llevaría la entrada y la primera mensualidad. ¡Y me lo dio!

Busqué un camión de un amigo de Rubiera, el que, por supuesto, estaba insultado y me dijo:

—Tú estás loca, eso no dura aquí ni un mes, con qué lo vamos a pagar.

No le di importancia a lo que me dijo y me tracé un plan para lograr mi objetivo. Al otro día, compré frutas y comencé a hacer durofrío*; hice hielo, refresco de frutas, pru, todo para vender. Me fue bien, casi ningún vecino tenía refrigerador. En aquel momento vivíamos en el reparto «Luis Dagnesse», barrio de gente muy pobre.

---

*   Jugo de fruta o refresco congelado en moldes.

Me compré una alcancía y a los treinta días tenía el dinero de la entrada y de la luz.

¡Qué tragedia con ustedes! No se conformaban con un solo durofrío o un poquito de refresco, querían comer y tomar a la par de los clientes. Con mi pensión pagaba las mensualidades —nunca tuve atrasos— y la luz la pagaba con lo que vendía. Así tuve refrigerador. ¡Ahí está!, creo que durará unos cuantos años más. Es un *Crosley*, me ha salido muy bueno, tiene cuarenta y cuatro o cuarenta y cinco años y sólo se ha roto dos veces.

Algunos años después compré un televisor. Pero las cosas eran diferentes, ya todos tus hermanos trabajaban y me ayudaban en esas cosas aunque no vivieran conmigo... ¡Uh, y pensar que yo llegué a tener hasta una máquina!*

Fue un regalo de tus hermanos, el primer Día de las Madres† después que se terminó la guerra. Me la trajeron de La Habana. ¡Mira que tu papá me hizo cosas! Yo hablé con un vecino para que la trabajara, me diera un por ciento de lo que ganara y se responsabilizara con el mantenimiento. Tu papá no estuvo de acuerdo, discutimos varias veces ese asunto. No sé si él se sentía inferior porque la idea se me ocurrió a mí y no a él, porque lastimaba su hombría o por machismo. Lo cierto fue que un día llegó a pie, y cuando le pregunté por la máquina se metió la mano en el bolsillo y me tiró un rollo de billetes sobre la mesa. No hacían falta las palabras. ¡Me vendió mi máquina! Le volé para arriba, no sé cómo pude contenerme. ¡Me dieron ganas de matarlo!

---

*   Automóvil.

†   Día de las Madres: festividad que en Cuba se celebra anualmente el segundo domingo del mes de mayo.

El vestido de raso

Las posibilidades económicas que fui adquiriendo con todos lo trabajos que hacía me permitieron darme una serie de gustos. Para mí, resolver todas las necesidades de mi casa, más que un problema, era una satisfacción: verlos bien vestidos, bien calzados, celebrarles sus cumpleaños y, muy particularmente, festejar las bodas de mis hijas. Para la boda de tu hermana Pura yo no podía enfrentar esos gastos al contado. Había un señor llamado Rafael que te daba un vale y tu ibas a la tienda de ropa donde tenía crédito y comprabas, y él le aumentaba un por ciento y te fijaba la mensualidad que tenías que pagar.

Así pude habilitar a Pura para su matrimonio. Todo lo necesario para la fiesta lo compré con el dinero que fui *ajuntando** tanto de mis trabajitos, como haciendo rifas de sobrecamas, manteles, cortes de vestido. En fin, ese dinerito lo guardaba y así, así, hasta que tuve lo suficiente para el brindis. Llegó el día de la boda: tu hermana estaba preciosa vestida de largo, con su traje de cola y seis damas de honor. En la iglesia cantaron el *Ave María*. ¡Qué emoción tan grande! Se casó en la iglesia de «Don Bosco».

Aquel día yo creía que estaba en la gloria, que soñaba. Tu abuela y tus tíos también fueron. Isabel estaba orgullosa porque el marido de Pura era blanco. Ese yo no se lo pedí a la Virgen, ellos se conocieron y se enamoraron. Yo no intervine en la elección que ustedes hicieron al escoger a sus parejas. Siempre les aconsejé sobre las cualidades que debía tener una persona, además del amor, para garantizar la felicidad, la tranquilidad y la estabilidad.

Después vino la boda de Moña. Ella siempre hojeaba las revistas de modas, mirando los vestidos de novia. Por ese tiempo se usaban de telas de raso adornadas con en-

---

*   Juntando: reuniendo, ahorrando.

cajes. ¡Moña quería un vestido de raso! Para complacerla no lo pensé mucho, fui a buscar otra vez a Rafael, ¡y me volví a empeñar! Compré la tela de raso blanco, el encaje, y otra, que le dicen sombra de palma, para el vestido de tornabodas.

Nunca olvidaré el 9 de mayo de 1953. A las nueve de la mañana se casaron en la notaría del doctor Mario Norma. Y a las seis de la tarde, de nuevo, los acordes del órgano y las voces del coro de la Iglesia «Don Bosco», cuando cantaban el *Ave María* llenaron mi corazón de alegría y emoción. Todo quedó muy lindo... ¡Pero el dinero no alcanzó para pagar un fotógrafo!

Mi hija lo sabía, pero ella tiene una imaginación de novelista. La casa estaba llena de invitados y hacía mucho calor. Moña tenía pena con sus amigas porque no había fotos y, para disimular, comenzó a decir: «Cómo tarda el fotógrafo, con tanto calor que hace y las ganas que tengo de quitarme este vestido.» De pronto, como estaba sudando, dijo: «¡Ay, qué mareo, qué mareo!», y se desmayó. La levantaron en brazos y la llevaron para la cama, me cuchicheó al oído: «Mama, no te preocupes, no tengo nada.» A los pocos minutos comenzó a «volver en sí», el fotógrafo pasó a un segundo plano, Moña se cambió de ropa y se fue para la luna de miel. A su regreso, la retratamos en un estudio fotográfico con su vestido de raso.

Rubiera no participó en ninguna de las bodas de sus hijas ni tampoco en las de los varones. Tu papá consideraba que los pobres no podían darse esos lujos, que yo me metía en esos líos porque me estaba volviendo vanidosa. Sus criterios no me importaban, aunque me dolían porque para mí lo más importante era la felicidad de ustedes, aunque para ello me empeñara hasta los ojos.

Luisa, mi gran amiga

La amistad es un sentimiento profundo que se sostiene con comprensión, desinterés, sinceridad; que se va fortaleciendo con el paso del tiempo en la medida que seamos capaces de sobrellevar las virtudes y los defectos de la persona a quien llamábamos amigo o amiga. Porque no hay nadie perfecto y no podemos aspirar a encontrar la amistad perfecta; lo perfecto no existe. Lo que sí podemos es ser cada día mejores, perfeccionar nuestra manera de ser, y así tenemos que ver a los demás.

La vida es cambiante, hoy tú puedes ser mi amiga y mañana, no. No porque haya habido problemas, sino porque vamos cambiando. Y lo que hoy me une a ti, mañana nos puede separar. Para que la amistad funcione tiene que ser recíproca, ¿tú entiendes?

Yo tuve una amiga verdadera. Se llamaba Luisa, era de Cueto; de muchacha tuvo mala suerte y por esas cosas del destino cayó en la mala vida; pero era buena. Y Dios la premió. Se encontró a un buen hombre que se casó con ella.

Vivían al lado de mi casa; la de ellos era muy linda, de madera, pintada de blanco con el techo de tejas rojas, con un bonito jardincito sembrado de flores. Nosotras disfrutábamos mucho todo lo relacionado con la siembra de las matas, intercambiábamos los hijos de las diferentes clases de flores que teníamos, aunque a ella le gustaban más las plantas ornamentales y yo prefería las de flores.

Luisa, después que se casó, se dedicó a coser pago ropa de mujer y de niño, cosía muy fino. Ella fue la que me enseñó, era muy paciente conmigo. Me decía: «Reyita, tienes que aprender a coser, así no tendrás que pagar la costura y podrás tener a los niños mejor arregladitos.»

Ella era blanca, bajita, con una piel muy fina, abundante cabello negro crespo, me hacían gracia sus manos y sus pies porque los tenía pequeñitos. Casi siempre estaba vestida de blanco, con unas batas de olán, adornadas con tiras bordadas, que le llegaban a media pierna. La limpieza de su persona y la blancura de su ropa la hacían resaltar, tenía una sonrisa alegre y contagiosa. Tuvo tres hijos: dos hembras y un varón.

Como modista cogió fama. También bordaba, repulgaba y hacía unas rejillas* preciosas. No era carera con su trabajo porque decía: «Los pobres también tienen derecho a vestirse bonito.» Me parece estar viéndola sentada a su máquina de coser, o en el portalito de la casa, meciéndose en un balance, mientras bordaba por las tardes. A veces bordábamos juntas y conversábamos, ella me contaba historias de Mayarí, que era su pueblo; me hablaba de su familia, de la que se tuvo que distanciar por la vida que llevaba antes de casarse. La amistad con ella fue buena, sincera y muy recíproca.

La limosna de los ladrones

El respeto a lo ajeno, la decencia, saber mantener una compostura ante la vida y ante los demás, ser una persona recatada y tener mucho pudor, no ser descarado es lo que considero que hace falta para llamarse honesto; creo reunir esas cualidades. Hace muchos años me sucedió algo que no me avergüenza ni me abochorna decirlo, porque nunca he hecho uso de nada ajeno, nunca le cogí nada a nadie. Y en la ocasión que te voy a contar, yo estaba y sigo estando segura que fue la Virgen, esa Virgencita de la Caridad del Cobre, en quien tengo tanta fe, la que me guió, la que me ayudó y socorrió.

Tuve una situación económica bastante mala en un tiempo, cuando vivía en Cueto. Un día me levanté muy triste, me arrodillé con mi Virgencita abrazada, pidiéndole que no me abandonara, que me ayudara una vez más. Ese día también estaba triste porque no podía llevar a tus hermanos a un circo que estaba en el pueblo.

---

*   Bordado confeccionado con barretas tejidas a mano.

145

Por la noche, como tu papá estaba en el ferrocarril y casi todo el mundo en la función, fui a la casa de los dueños de la tienda de ropa —eran unos moros, el se llamaba Abraham Cairú— para coger un gajito de una mata de enredadera de campanillas lilas, muy lindas, porque se la había pedido a doña Amalia —la esposa de Cairú— y me la había negado.

Al llegar frente a la tienda, cuál no sería mi sorpresa: ¡estaba abierta! Entré. Por el desorden, me di cuenta de que habían robado, y creí que había sido la Virgencita la que había guiado mis pasos hasta allí; no lo pensé dos veces, como solamente tenía que cruzar la calle y atravesar el patio de mi casa, di tres viajes. Me llevé una pieza de tela *Rica*, dos o tres sobrecamas, puntas de encajes, cintas; en fin, un poco de todo lo que me hacía falta para cubrir en parte las necesidades de mi casa. Guardé todo y me acosté a rezar, el corazón parecía que se me iba a salir; y así, abrazada a mi Virgencita, me quedé dormida. Cuando tu papá llegó me despertó:

—Mima, mima, ¡despierta! Robaron en la tienda de Cairú.

Di un tremendo salto en la cama, apenas pudo mi corazón seguir latiendo:

—Yo me acosté temprano y no sentí nada. ¿Se llevaron muchas cosas? ¿Cogieron a los ladrones?

—No sé, según dicen le vaciaron la tienda. De los ladrones no se sabe nada.

Sentía un tremendo salto en la boca del estómago, pero al oírlo me tranquilicé un poco. En fin, los ladrones lo que hicieron fue abrir la puerta y dejarme una limosna. Me volví a acostar, pensando en lo disparejo que estaba el mundo, unos con mucho, otros con poco o sin nada. Lo último que recordé fueron las palabras que me había dicho mi amiga Marcelina unos años antes: «¿Doña de qué? ¡Reyita!» Pasó el tiempo, y por dificultades que Rubiera tuvo en el trabajo y que ya te mencioné —pues a él no le gustaban las cosas mal hechas— pidió irse para Bayamo, pero dentro de la misma compañía. Nos mudamos y allí pude usar todo lo que me dejaron los ladrones en la tienda de Cairú.

La felicidad... me la procuraba

Hay muchas maneras de ser feliz: unos se sienten felices porque tienen muchos bienes materiales; otros, porque aman y son amados. Los hay porque en su familia no han tenido quien les haya dado dolores de cabeza y porque a ninguno de sus miembros les faltan las cosas fundamentales. No hay mejor estado de ánimo que el que se siente cuando se hace un bien, o cuando uno se puede dar un gusto, obtener algo muy deseado. Para mí todo eso es felicidad. Por eso, te repito que hay muchas formas de sentirse feliz

A veces hay que pagar precios muy altos para lograrla, porque, desdichadamente, esa no es permanente, es de raticos. Por eso hay que saber aprovecharlos y disfrutarlos. Los momentos de felicidad que uno va teniendo en la vida lo ayudan a sobrellevar los de amargura, que en algunos casos son más; pero yo estoy convencida de que la felicidad se puede construir.

Hay que preparar las condiciones para que esos momentos sean más que los de amargura, porque estos son inevitables, los otros los vamos propiciando. Fui una mujer muy pobre, pero siempre traté, en medio de aquella pobreza, de propiciarles a ustedes alegría y felicidad. Pero no creas, yo también me procuré alguno de esos momentos para mí.

De niña, como no tenía juguetes, yo me fabricaba mis muñecas —como ya te expliqué— y era feliz, muy feliz cuando les hacía su ropita, cuando les peinaba su pelo de pelusa de maíz, cuando conversaba con ellas. Lo fui cuando era maestra, allá en Báguanos. Esa felicidad me la dio mi trabajo. A pesar de todo lo que luché —aunque no lo pude materializar— para ingresar en el Instituto, entonces también lo fui, porque comprendí que yo era inteligente y podía.

Me sentía feliz compartiendo con los vecinos de la cuadra, cuando sudaba en el cañaveral recogiendo caña, o en la campaña de la trilla del café, en los trabajos voluntarios después del triunfo revolucionario o cuando me escapaba de la casa y me iba, yo sola, a ver una película de Carlos Gardel o de Libertad Lamarque[59] ¿Te das cuenta? Esos fueron momentos de felicidad que yo me proporcionaba, como los que tuve tratando de que ustedes y mis nietos lo fueran

Yo tenía una mata de coco macaco* muy grande. Por la noche escarbaba un poco en la raíz y «sembraba» cinco o seis medios. Por la mañana le decía a los muchachos: «Al que limpie el jardín, la mata de coco macaco lo va a premiar y va a 'parir' medios para él.» Enseguida cogían la escoba y el azadón y limpiaban el jardín, escarbaban en la mata al terminar y encontraban los medios. ¡Qué contentos se ponían! ¿Tú crees que eso no era felicidad?

Verme rodeada de mis nietos en los días de las vacaciones escolares, cantarles, hacerles cuentos e historias, brindarles dulces hechos por mí, jugar con ellos, enseñarlos a quererse unos a los otros: eso también es felicidad. Aún después de tantos años, cuando alguno quiere algo que está por encima de sus posibilidades reales, y otro le dice: «Ten cuidado no te pase como a Masica† », recordando el personaje del cuento que yo les hacía, eso me hace sentir feliz.

De una cosa sí estoy segura. Que el que no lleva amor en su corazón, ese no va a ser feliz nunca; como tampoco

---

* Planta ornamental de la familia de las Aráceas. En las provincias occidentales de Cuba se le conoce como *malanga de la dicha.*

† Personaje de un cuento de Laboulaye, conocido en Cuba como *El camaroncito encantado* a través de la versión de José Martí en *La Edad de Oro* .

lo será el egoísta, el casasolo* , el ambicioso. Esos son defectos qe no son compatibles con la felicidad.

¡Mi casa!

Hace treinta y cinco años que vivo en este reparto. Es relativamente nuevo, se construyó después del triunfo de la Revolución. La casa me la dieron por ser madre de mártir; es un reparto muy lindo. Se llama «30 de Noviembre» por un hecho histórico. Casi todas las casas se parecen, son espaciosas y con un gran jardín. Tal parece que lo hicieron expresamente para mí, pues me sigo dando gusto sembrando. Creo que la Virgencita tuvo mucho que ver con que yo tuviera una casa propia, una casa mía.

Fue precisamente aquí donde tuve que hacer algo que siempre me ha pesado. Tú sabes que tenía el cuadro de la Virgen en la pared frente a la calle, pero cuando tu sobrina María Elena se ganó el ingreso al Partido[60], un día llegó a la casa —vivía conmigo— y me dijo: «Abuela, yo quisiera que usted quitara esa imagen de la sala. Nosotros no creemos en eso y me da pena cuando vienen mis compañeros y lo ven ahí ¿por qué no lo pone en su cuarto?»

Le tengo a la Virgen la misma fe que le tenía antes. Pero los tiempos cambian, entendí a mi nieta y lo puse en mi cuarto. En la posición que está se ve desde la sala, pero es en el cuarto de la vieja «a la que ya no se le puede cambiar su manera de pensar», como dicen. Sé que no está bonita, y hasta bastante desteñida. ¡Tiene casi tres cuartos de siglo! Pero nunca he querido cambiarla porque es a la que le he pedido durante toda mi vida.

En esta casa he pasado más momentos felices que tristes. Aquí te vi graduar como universitaria; este ha sido el lugar que han escogido casi todas mis nietas y algunos nietos para casarse; fue donde celebramos la llegada de

---

*   Es deformación del cubanismo *casasola*: egocentrista, egoísta.

mi hijo Nené, mi nieta Chabela y otros nietos a su regreso de Africa de sus misiones internacionalistas, donde cumplieron un doble deber, el de la solidaridad y el que indirectamente tenían con la tierra de mi abuela.

En fin, he tenido en esta casa muchos momentos felices. Y como colofón, los maravillosos días en que estuvieron las compañeras y los compañeros que vinieron a filmar para hacer un video*, donde yo era la figura principal. ¡La estrella! Fueron días de mucha actividad, los que pasé bien porque aunque tengo noventa y cuatro años tú sabes que estoy en plenos cabales y no quiero ser una vieja arrumbada, impotente, que no pueda valerse por sí misma, que no pueda accionar. Siempre trato de hacer algo útil, estoy presta para ayudar y acompañar a mis hijos. ¡Eso vale mucho! Como me gusta más socorrer a los demás, que me socorran a mí, sigo trabajando.

De todo lo que aprendí a hacer en mi juventud, el tejido es lo que me permite ahora ganarme mi dinerito. Tejo mucho: tapetes, pañuelos, mediecitas de niños, y ese dinero me sirve para darme el gusto de ayudar, no ya a mis hijos, sino a mis nietos. Tú sabes que tengo que tejer como una araña porque entre nietos, bisnietos y tataranietos tengo más de un centenar. Y así, cuando los veo con alguna necesidad, puedo tener esa satisfacción, ¡ayudarlos! Porque mis nietos son más que ustedes para mí, porque son los hijos de ustedes. Para continuar luchando por ellos me cuido mucho.

Mi arco iris

Tengo un alto concepto de la familia, por la mía yo fui capaz de sacrificar muchas cosas porque aquel momento me lo exigió. Considero que los padres —los dos, el padre y la madre— tienen que ocuparse no sólo de alimentar,

---

*   *Blanco es mi pelo, negra mi piel,* dirigido por Marina Ochoa.

vestir y calzar a sus hijos, sino rodearlos de un ambiente de comprensión, de confianza y de respeto, para poder obtener de ellos lo que uno desea. Que sean hombres honestos, honrados, que se respeten y respeten a las demás personas, que estén orgullosos de lo que son y sientan amor por lo que hacen.

A los hijos hay que inculcarles también el amor por la Patria, enseñarlos a convivir con los demás. Con ellos hay que tener buenas relaciones de afecto y de buen trato; sólo así, te repito, podemos lograr que sean personas de bien. Y digo que me sacrifiqué mucho, porque todo eso tuve que hacerlo sola. En ese sentido fui madre y padre; pero no fue en vano, logré una familia organizada y unida, de hombres y mujeres decentes, honrados y luchadores. No tengo presidiarios ni vagos, no tengo borrachones ni prostitutas, ningún anormal, ningún lisiado y, para más suerte, todos están en Cuba ¿Te das cuenta de lo que tenemos?

Ahora somos ciento dieciocho: ocho hijos, treinta y nueve nietos, sesenta y cuatro bisnietos y siete tataranietos. ¿No es eso? ¡Es muy linda mi familia! Parece un arco iris: blancos, negros, mulaticos, «jabaítos». Pelos largos, cortos, rizos, lacios. Los hay ingenieros, licenciados, profesores, técnicos medios, obreros simples; en fin, todos organizados, y sobre todo, libres de prejuicios raciales.

Una vez que fui a pasarme un tiempo en casa de tu sobrina Reyita —fue para un fin de año—, ellos hicieron una fiestecita el 24 de diciembre a la que invitaron a los padres de sus amigos. Porque nosotros los viejos siempre estamos recordando la Nochebuena. Los muchachos discutían sobre cuál de las abuelas era la más bonita, yo era la única negra. Carlitín —mi bisnieto— se paró y dijo: «Nadie me lo puede negar, la más linda es mi abuela.» Me puse orgullosa, claro, era lo que el amor le hacía ver al niño.

Estamos regados por diferentes lugares del país: Santiago, Holguín, Matanzas, La Habana, Pinar del Río. No por eso a mí se me olvidan los días de los cumpleaños de todos, me complace que reciban el telegrama de felicitación que siempre mando en esa fecha. Por eso pienso que ustedes dicen que yo reúno, porque si bien los días de fiestas no logramos reunirnos los ciento dieciocho, basta media vez que yo esté enferma —y gracias a Dios tengo una salud de hierro— para que vengan corriendo.

Solamente he estado ingresada en el hospital dos veces, porque ni cuando paría —se hacía en la casa con comadronas—. Cuando me operaron de la vista, a la voz de: «A mi abuela la van a operar», ¡tremenda movilización!, vino todo el mundo. En el hospital me pasaba una cosa contradictoria: por un lado me sentía orgullosa, porque mi familia no cabía en aquella sala; y, por otro, me daba pena, ¡era tanta gente! No dejaban espacio para las visitas de las otras enfermas.

Me viene a la mente una noche que me desperté muerta de hambre, me levanté sigilosa, abrí el frío, me comí un chicharrón*, un tomate verde y me tomé un vaso de agua, y me volví a acostar... Resultado: al otro día me estaban sacando la vesícula, ¡qué corre corre! Ya estaba en la sala a tu llegada de La Habana. Era muy gracioso cuando la enfermera entraba y decía: «La paciente de los ciento dieciséis que se prepare, que la voy a inyectar.» ¿Que me equivoqué? No, no había nacido todavía ni mi último bisnieto ni mi última tataranieta. Esa cuenta sí que la llevo bien.

Por mi último cumpleaños, tu sobrina Conchita me mandó de la Habana una carta que me emocionó tanto que te voy a leer un pedacito:

Querida abuelita:

(...) A mí me ha emocionado mucho todo este revuelo que se ha formado en torno suyo† (...) La grandeza de su alma y de su corazón, su ternura y sabiduría han dado

---

*   Residuos sólidos de la pella del cerdo después de derretida.

†   Se refiere a la realización del video sobre su vida.

grandes frutos en esta inmensa familia que Usted ha forjado como el herrero, siempre junto al yunque. Todo lo que somos se lo debemos en gran medida a Usted (...).

Eso fue lo que obtuve de mi lucha y de mi sacrificio. ¡Esa es mi familia!

Cuando las palabras cantan

Siempre fui muy romántica. De joven me gustó mucho leer poemas, era uno de mis entretenimientos. ¡Tenía que trabajar tanto!, mi tiempo «libre» lo dedicaba, frecuentemente, a la lectura de poesías. Me enamoré perdidamente de un poeta, era mi preferido: Juan de Dios Peza[61]. Escribía cosas tan lindas, que a veces cerraba los ojos, así, y me imaginaba que las escribía para mí. Me las sabía casi todas de memoria. Hay algunas que las recuerdo enteritas. Te voy a recitar algunas estrofas de un monólogo que se llamaba *Sola*:

¿Te vas? ¡Adiós! Partió al fin.
¡Qué horrible noche!
La ciudad semeja en calma
un gran sepulcro vacío
y corre un aire tan frío
como el invierno en el alma...
... ¿Y este ramo?
¿Quién me obsequiará con flores?
Rosas de abril purpurina
no tiene tantas espinas
como yo tengo dolores ...

Era muy largo, pero muy lindo. Aunque Juan de Dios Peza era el que más me gustaba, también me deleitaban las de José Jacinto Milanés[62]. ¡Um! ...*Tórtola mía...* Y otros. De la Avellaneda[63] había una —no lo recuerdo bien, déjame pensar— sí, había una estrofa que decía:

> *...¡Vive dichoso tú! Si en algún día*
> *ves este adiós que te dirijo eterno,*
> *sabe que aún tienes en el alma mía*
> *generoso perdón, cariño tierno.*

Era un poco largo, se llamaba *A mi amor...*, *A él*. No, no me acuerdo bien. Leí muchas poesías de Luisa Pérez de Zambrana[64], de Amado Nervo[65]. ¡Ay, mi hija!, si tuviera la memoria de antes, ya la estoy perdiendo. ¿Crees que no? Eso es para halagarme.

Ahora se hace un tipo de poesía que no te voy a decir categóricamente que no me gusta. Lo que pasa es que a unas no les encuentro rima, y otras no las entiendo. Pero, bueno, cada uno en su época. Para mí la poesía tiene su música. De vez en cuando leo algún libro de poemas; porque lo que yo sí no he perdido a mis años es la sensibilidad.

Amor y ternura

Hay muchas formas de expresar ese sentimiento tan grande que uno experimenta por otra persona. El amor es algo muy hermoso, el que tiene amor en su corazón ama todas las cosas lindas, no solamente lo externo, sino lo que lleva por dentro cada persona o cada cosa. Ese sentimiento no nace solo, hay que encaminarlo, porque también hay amores que son malos, egoístas, enfermizos, que no producen felicidad a nadie...

Existe el amor filial, el carnal, el fraternal, en fin; pero todos entrañan una gran ternura, como la que sentía por mis nietos cuando estaban chiquitos, ¡los quería tanto! ¡Ay, chica, ya estoy vieja!, a veces quiero explicarte las cosas y se me hacen un barullo en la cabeza. Traigo ahora a la mente el día que me llevaron a la casa a Rosa María, a Reyita, a Míriam y a Moncho, para que se pasaran unos días. Al llegar todos me besaron, menos Moncho; le digo:

—¿Tú no le vas a dar un besito a tu abuelita?

—No, no quiero.

—Entonces, me voy a morir.

Como se encogió de hombros, yo me tiré en el suelo y me hice la muerta, ¡qué gritería formaron!

—¡Ay, abuelita! Abuelita, no te mueras.

—Tú ves, Moncho, tú tienes la culpa.

El creyó que era cierto y se me tiró encima llorando, me besaba y me besaba. Entonces «resucité» y mis nietos se llenaron de alegría.

Por amor somos capaces de renunciar a muchas cosas. El marido de tu sobrina Reyita tuvo algunas dificultades con su familia —son blancos— por casarse con ella. El día que la fue a pedir en matrimonio, yo estaba en casa de Pura. Y le digo:

—¿Usted lo ha pensado bien? Reyita tiene la piel blanca, pero es mestiza; de casarse con ella se metería en Africa chiquita.

—Eso no me importa, yo no me voy a casar con el color de su familia sino con ella.

La ternura y el amor que ustedes sienten por mí no admite que nada me ofenda ni me lastime. Por eso Réyima, la hija de Reyita, se peleó con su primer novio. ¿Te acuerdas cuando lo trajo a conocerme? Tú estabas aquí, él se puso a hablar de sus abuelos españoles, que si tenían negocios... en fin, qué sé yo cuantas cosas más. A ella no le gustó y al final pensó que esa actitud le traería dificultades futuras en sus relaciones familiares. Y lo dejó.

Pero si de amor carnal se trata, eso es otra cosa. Surge por una atracción mutua entre dos personas, por afinidad, por tener algo en común; pues cuando nace por simple pasión por la carne, entonces no es amor. Uno se enamora de cualquier cosa: de unos ojos lindos, de un bonito cuerpo, de una bonita forma de expresarse. En ese sentido tuve muchas experiencias porque me enamoré muchas veces. Se quiere y se ama, ahí también hay diferencias, ¿tú no crees? Yo te puedo querer pero no amarte...

Cuando yo era muy jovencita, había un hombre llamado Enrique Bayard —serio, educado, trabajador—. El me quería, porque aunque sea feo decirlo, era una muchacha muy graciosa. El fue a ver a Mamacita para decirle que se quería casar conmigo, le iba a dar cuatrocientos pesos —antes eso era mucho dinero— para que me preparara. Cuando mi abuela me llamó para comunicármelo no acepté, no tenía nada en común con él, no lo amaba. Menos mal que vivía con mi abuelita allá en Banes; ella ni siquiera intentó convencerme porque estuvo de acuerdo conmigo. Enrique Bayard me amaba, porque insistía, a sabiendas de que yo no lo quería; porque amar es darlo todo a cambio de nada.

Me embaracé mirándolo

Mi mamá lavaba y planchaba para la familia del dueño de una lechería, allá en La Maya. Ellos le pagaban con dos cántaras de leche. Vendía una y se quedaba con otra para la alimentación de la gente de la casa. El que llevaba la leche era el hijo del dueño de la lechería. Un trigueño muy buen mozo. ¡Era tan lindo aquel hombre que a pesar de mi corta edad me llamaba mucho la atención!

Isabel tenía una vecina llamada Victoria, y la hija —soltera— había salido embarazada. Conversando, mi mamá le preguntó:

—¿Cómo te descuidaste así?

— No, chica, es que ellos se veían en el río, cuando ella iba a lavar. Yo no sabía nada.

Oí esa conversación y creí que las mujeres salían embarazadas mirando a los hombres. Entonces, cuando él llegaba, lo miraba, lo miraba fijo, me pasaba la mano por la barriga, así. Lo miraba con tanta insistencia que él me decía: «Negrita, ¿qué tú me miras?» Y yo bajaba la cabeza. Un día al cabo de unos meses, le dije a mi mamá:

—Isabel, yo creo que ya estoy embarazada.

—¿Cómo es eso, Reyita?

—Sí, Isabel, ya estoy embarazada.

—¿Y de quién estás embarazada?

—De Alejo.

—¿Y cómo saliste embarazada de Alejo?

—Porque todos los días cuando él viene, yo lo miro, y lo miro, y me paso la mano por la barriga, así. Ya estoy embarazada como la hija de Victoria.

Isabel se dio cuenta de que había oído aquella conversación, y, muerta de risa, llamó a Queta, la vecina de al lado, y le hizo el cuento. Las dos comenzaron a reírse. Al verlas burlándose de mí, yo me eché a llorar y les dije:

—Ustedes no me creen, yo estoy embarazada.

Mi mamá me explicó por qué eso no era posible. Yo no entendí nada. Tenía cuando aquello ocho años.

Cuando llegaba el tren

En el tren que llegaba a La Maya trabajaba un maquinista que se llamaba Julio Chanton. Era un hombre, que a mis ojos de adolescente de trece o catorce años, me parecía muy gallardo. Era un mulato alto, fuerte, ¡muy buen mozo! El usaba unos overoles azules muy almidonados y planchados, con una camisa blanca por dentro y una gorra con visera, también azul. Siempre traía un pañuelo de lunares blancos y rojos amarrado al cuello.

Cada día, yo iba hasta la estación de ferrocarril para verlo llegar; y cuando yo sentía *chiqui, chiqui, chiqui,* cuando el tren iba llegando, me entraba un nerviosismo tremendo. Cuando ya estaba en el andén, el ruido del escape del vapor me hacía saltar el corazón. No te puedo explicar lo que yo sentía. Y cuando lo veía bajarse, se recostaba así de la locomotora, como cansado, se secaba el sudor. ¡Ay muchacha!, me parecía tan importante. Imagínate, manejando aquel carro tan grande, con tanta gente. Todas aquellas vidas en sus manos. Era mucha la admiración que yo sentía por él, así y así, día a día yo iba a la estación a ver al ¡superhombre! y pensaba: «Si me pudiera casar con un hombre así, tan fuerte, tan interesante y con un trabajo tan importante.»

En una ocasión fui, como de costumbre, a verlo llegar. Me paré detrás de una de las columnas de madera que sostenían el techo de la estación. Tenía idea de acercarme a él, decirle cualquier cosa, para que se fijara en mí. Pero cuál no sería mi sorpresa. Cuando él bajó, una muchacha, que estaba parada casi al lado mío, salió corriendo, lo abrazó y se besaron, él le echó el brazo y salieron caminando muy junticos. ¡Chanton, el hombre que tanto me ilusionaba, era comprometido! Salí de allí corriendo. No pude evitar que dos gruesas lágrimas salieran de mis ojos.

Y se parecía a Mella[66]

Allá en Cueto había un joven alto, delgado, trigueño. Tenía unos bellos ojos negros de mirada profunda y penetrante. Era muy buen mozo. El siempre pasaba por la puerta de la casa de mi papá —era cuando vivía con él— y yo procuraba estar siempre allí. Me saludaba *sonreído*, pero la intensidad de su mirada me ponía nerviosa, hacía que el corazón me latiera más rápido. Al cabo de unos meses comenzó a enamorarme. Estaba feliz y, más que eso, enamorada de verdad, por primera vez.

Me esmeraba en arreglarme, ponerme bonita, peinarme a la moda —podía darme algunos lujos en ese sentido porque tenía una escuelita paga y ganaba mi dinerito—. Cuando todo parecía que iba a resultar, que por fin hablaría conmigo para pedirme que fuera su novia oficial, apareció otra. Se metió por el medio. El se decidió por ella.

Aquello me hizo sufrir mucho, era mi primer desengaño amoroso. Me hizo tanto daño que comencé a pensar que todos los hombres que se me acercaran me iban a hacer lo mismo. No me enamoré más hasta que conocí a tu papá. Pero fíjate, mi hija, yo amé profundamente a aquel joven.

Hablar desde mis profundidades

Yo no quería un marido negro, no por despreciar mi raza si no porque para los hombres negros apenas había probabilidades de desarrollo y sí mucha discriminación. Su mayor posibilidad estaba dentro del deporte: ser boxeador; daban, pero también recibían muchos golpes, y con los años terminaban todo desfigurados y traumatizados,¿tú entiendes?

Por esa razón, de todas las poesías que leía, la que nunca me gustó fue la que se llamaba *Para dormir a un negrito*[67], o algo así, porque en ella se reflejaba —según el autor— la máxima aspiración que tenía un negro, o que tenía una madre negra para su hijo. En una línea de una de sus estrofas decía: «*Cuando tú sea grande va a sé boxeadó...*», uh, sólo nosotras sabíamos realmente cuáles eran nuestras aspiraciones. Pero bueno, por fuera de eso, si un negro soñaba con salir de la miseria, en aquel entonces, se tenía que meter a negociante o a matón, y al final ¿qué? el presidio o la muerte, y para los niños y jóvenes, el reformatorio.

La mujer negra no tuvo un destino menos incierto: trabajar de sirvienta, lavandera, o caer en la prostitución, para terminar en un hospital o en el presidio, si antes no cogía el camino del cementerio. Eso era lo que yo no quería para los hijos que tuviera. Por eso le pedí a mi Virgencita un marido blanco. Yo no hubiera soportado ver a mis hijos humillados, vejados, maltratados, y mucho menos llevando una mala vida. Por eso me casé con un blanco.

Cuando conocí a tu papá, al darme cuenta que yo le gustaba, no me entregué así facilmente a él —en aquella época se usaba que las mujeres se «fueran» con los novios—. No, yo no aceptaba eso. Yo quería casarme como

Dios mandaba, y le puse esa condición: «Si tú quieres que yo sea tu mujer, te tienes que casar conmigo.» Durante el corto tiempo que duraron nuestras relaciones aprendí a quererlo. A veces pienso que fue un amor por agradecimiento, pero lo quise; él me complació y se casó conmigo.

¿Que cómo fue nuestra vida amorosa? La normal entre una pareja que se quería. El acostumbraba, cuando venía del trabajo, a silbarme cuando estaba llegando a la casa, y yo lo esperaba en la puerta, limpiecita, perfumada. Nos abrazábamos y nos besábamos. Siempre fue así en los primeros diez o quince años de nuestro matrimonio. Te dije que yo era muy romántica, que había leído muchas novelas de amor y me gustaba que él fuera audaz en las relaciones sexuales.

Al principio él quería hacer el amor con la lámpara encendida. Yo no lo dejaba, no porque no me gustara, sino porque me daba pena; pero no dejo de comprender que era un fastidio quitarse en la oscuridad tanta ropa como se usaba antes. Otra de sus luchas fue verme desnuda. Le dio un poco de trabajo, pero lo logró, y luego... hasta nos bañábamos juntos, ¡llegamos a hacer el amor en el baño! Tampoco te voy a negar que eso me gustaba. Bueno, fuimos cogiendo una confianza tal que hasta en el camión —cuando íbamos a la playa— tuvimos relaciones sexuales. Te estoy contando cosas muy íntimas de mi vida privada, pero hice tantas cosas para agradar a tu papá... ¡Ay, muchacha!, je, je, je. A mí me gustaban mucho los lazos. Siempre me los ponía, y en aquellas locuras amorosas me los puse en el pelo ¡no sólo de la cabeza...!

Rubiera tuvo una etapa en que se puso un poco brusco. Yo creía que estaba enamorado en la calle, pero no, fue al médico y le mandaron unas inyecciones que se llamaban Primotex. Se ponía una a la semana. Todo volvió a la normalidad. Pero se hernió, y «eso» le creció, y no se qué me daba, solamente al pensar en aquella «bolsa» tan grande. Nunca ni se la miré. Por eso dejamos de hacer el amor unos años antes de que muriera.

Yo quise mucho al viejo, pero nunca lo amé. Mi gran amor fue el primero, aquél que se parecía a Mella, al que recuerdo cada vez que veo la foto de ese revolucionario en un periódico, en una revista o en la televisión. Voy a confesarte algo que siempre he guardado en el fondo de mi corazón. Muchas veces, haciendo el amor con tu papá, cerraba los ojos, dejaba volar la imaginación, uh, me parecía que estaba con aquél, con el que se parecía a Mella. Eso también es infidelidad, aunque no materializada. ¿Que por qué no te he dicho su nombre? Perdóname, pero déjame reservármelo.

Después del año '51 ó '52, no me recuerdo bien la fecha, cuando murió mi papá, en los trajines de la pensión como hija de veterano un notario —el padrino de tu hermana Carlota— iba a hacer no se qué, para que pudiera cobrarla —porque era casada—, y sacó mi inscripción de nacimiento. Cuando fue a sacar el certificado de matrimonio, salió a la luz una gran verdad. No existía. No era casada. ¡Era soltera!

—No, no puede ser. —Le dije a Coloma, el notario.

—Sí, Reyita, tú eres soltera.

—Debe haber un error.

—No, no lo hay. Tú nunca te has casado.

—¿Qué es esto, Dios mío? ¿Por qué Rubiera me hizo esto?

Y recordé aquel día, allá en Cueto. El salón del hotel, tan arregladito, las flores, el cake. Yo vestida con un sencillo traje blanco a media pierna, regalo de la esposa de Miguel Muñoz, peinada tan linda con unas flores en la cabeza. Rubiera muy elegantemente vestido, el notario —no era improvisado— era el del pueblo; Muñoz, su esposa; Carderrosa, su esposa.

—Señorita María de los Reyes Castillo Bueno, ¿acepta por esposo al señor Antonio Amador Rubiera Gómez?

—Sí, acepto.

—Señor Antonio Amador Rubiera...

—Sí, acepto.

—Los declaro marido y mujer.

¡Falso, todo aquello falso! ¿Todo el mundo metido en aquella componenda mentirosa? ¿O solamente Rubiera y el notario? Pero, ¿por qué, Dios mío, por qué? Sentí como si la mente se me encogiera o se me enredara, no podía pensar bien. ¿Para qué ese engaño? No se explicaba, él estaba ahí conmigo, con todos ustedes. Sentí un gran dolor en mi corazón. ¿Qué hacer? ¿Recriminarlo, exigirle que me dijera por qué lo había hecho?

Estuve varios días en que no podía ordenar mis pensamientos.Después medité y medité, y decidí lo que iba a hacer. Seguí los trámites para lo de la pensión de veteranos; mientras, con cualquier pretexto lo evitaba y me mantenía lejos de él. Cuando me entregaron los papeles de la pensión, se los enseñé —para ver su reacción—. Se puso colorado, quiso decirme algo, pero no lo dejé. Su castigo era ese, cargar con aquel peso en su conciencia hasta su muerte; no le di oportunidad a que se librara de su engaño. Otra decisión no habría tenido sentido, ya estábamos viejos: yo, con casi cincuenta años, él con sesenta. Pensé en ustedes, en el hogar que tanto había luchado por mantener. Guardé mi dolor en lo más profundo de mi corazón. Pero yo fui de ahí en lo adelante otra María de los Reyes...

Tuve dos grandes dolores en el fondo de mi corazón: mi gran decepción amorosa y el engaño de tu papá. Ahí convivieron. Cuando todo dentro de mí volvió a la normalidad, comencé a disfrutar, sin remordimientos, mi infidelidad de pensamiento, al «hacer el amor» con el que se parecía a Mella, mientras tenía relaciones sexuales con tu papá. Total, yo también tenía derecho a engañarlo. En definitiva no había tal infidelidad, yo era soltera. ¡Yo siempre había sido una mujer soltera!

Pero en un tipo de reflexión como la que estoy haciendo ahora, eso no es lo más importante. Soltera o casada. No, eso no es lo más importante. Me has impulsado a hacer un balance general de mi vida y en estos momentos, a pesar de todo me siento muy satisfecha, porque creo que no he perdido el tiempo, que he enfrentado todos los problemas que la vida me planteó.

Me ha gustado vivir. Han sido tiempos muy tristes y tiempos muy felices. ¡No me pesa haber vivido! ¿Si tuviera que volver a empezar? Lo haría gustosamente, pero con mi propia voz, en mi propio lugar, poniendo en práctica la experiencia adquirida con mi esfuerzo y mi lucha. Así, sí valdría la pena.

No me preocupa que valoren bien o mal la forma en que he actuado. Yo siempre viviré en paz conmigo misma, porque creo que siempre hice todo lo que tenía que hacer. Yo he marchado junto con la vida, no me he quedado rezagada. Por eso, con mis noventa y cuatro años me siento nueva.

La vida nace en cada amanecer, y yo con ella.

¡Nuevas verdades!

Ir a la ciudad de Cárdenas, para hacer algunas indagaciones relacionadas con mi familia paterna, se convirtió en una necesidad, no sólo para verificar algunos datos relacionados con los testimonios de mi mamá, sino para poder entender mejor la actitud de mi papá, porque ella no quiso caracterizarlo. Por mucho que le insistí, sólo logré algunos criterios, siempre relacionados con nosotros, pero nunca lo que verdaderamente pensaba de él; en eso fue discreta, no fue tan abierta. Pienso que no quiso dañar la imagen que de él teníamos sus hijos e hijas.

En Cárdenas quizás encontraría respuesta a una serie de interrogantes que tenía desde que era niña. Desde aquella noche en que por estar revoloteando alrededor de él, mientras leía el periódico, me dio un empujón y caí contra una viga de la pared de la casa y me partí un diente —era de leche, pero nunca me volvió a salir—, o cuando veía a mis hermanos y hermanas echarle fresco con un abanico y se me parecía a un colonizador, en su hacienda, rodeado de esclavos, como los que veía en las películas. También me hacía esas preguntas cuando se escondía para no dar la cara a los jóvenes que iban a la casa a pedir a alguna de sus hijas en matrimonio; o cuando yo me casé, al verlo sentado en el muro de una cafetería, cuando el carro en el que iba para la iglesia pasó por esa esquina. Porque él no participó ni en mi boda ni en ninguna de las de mis hermanas y hermanos.

Llegué a Cárdenas con la preocupación de no encontrar nada. Lo desconocía todo de aquella familia, sólo tenía el nombre de una calle, un número que me dio mi mamá —que podía no ser exacto—, el nombre y el apellido de mi abuelo y de mi abuela, así como el de mi tía, y la fecha de muerte de esta. Me acompañaba mi colega y amiga Sonnia Moro.

De la terminal nos trasladamos para la casa de Ernesto Alvarez Blanco, asesor del Historiador de la ciudad y director del museo «Oscar María Rojas», al cual habíamos contactado por teléfono y que se brindó gustoso a ayudarnos. Después de una corta conversación, para conocernos personalmente, y sin pasar siquiera por el hotel, nos encaminamos bajo un sol de mediodía que abrasaba, hacia el Registro Civil, donde al ser presentadas como historiadoras por Ernesto y gracias a la gentileza de las jóvenes que allí laboran, se nos permitió — dado el poco tiempo de que disponíamos— manejar directamente la documentación allí existente.

Comenzamos la búsqueda de inmediato: el tiempo apremiaba y era mucha la curiosidad. Empezamos por la defunción de la tía María Julia, para ver si en el certificado encontrábamos alguna dirección que nos facilitara nuestras pesquisas. Según mi papá, ella había muerto en 1951 ó 52, la segunda y última vez que él estuvo en Cárdenas después de su «matrimonio» con mi mamá. Nada apareció, ni cinco años antes ni cinco después. ¿Por qué no aparecía?

Entonces comenzamos a buscar certificaciones de nacimiento. Apareció una de Domingo Rufino, nacido en 1898, hijo de Rufino Rubiera, natural de Gijón, provincia de Oviedo, España, y de Carlota Gómez, cubana. ¿Cubana la abuela Carlota? Porque él siempre dijo que era dominicana. Mis compañeros, jaraneando conmigo, me decían que mi papá no se llamó Antonio Amador, que ese había sido un nombre falso, que él debía ser Domingo Rufino. Yo reía, pero en el fondo me fastidiaba que se mantuviera la condición de mentiroso de mi padre.

Ya casi a punto de cerrar el Registro Civil, decidí comenzar a buscar la defunción de mi tía desde el último libro que allí existía —1985— hacia atrás. ¡Y la encontré! Pero en 1980. Sonnia, por su parte, encontró el libro donde estaba registrado el nacimiento de mi papá. Dos verdades afloraron al instante: primero, María Julia no había muerto en la década del '50, sino en la del '80, incluso cinco años después que mi papá; y segundo, hubo un hermano. ¿Por qué nunca nos habló de él?

Otra cosa que salió a la luz esa tarde fue que el abuelo y la abuela contrajeron matrimonio después de haber tenido tres hijos, pues en la enmienda existente al margen de la inscripción de nacimiento de mi papá se aclaraba que a partir del 28 de diciembre de 1900 dejaba de ser hijo natural. Contentas por aquellos hallazgos, decidimos ir en busca de los primos a la dirección que mamá me había dado, Calvo número 50, y que en el certificado de defunción de mi tía aparecía con el número 276. La empleada del Registro Civil nos aclaró que este último número correspondía a una numeración más actual, el otro era de la antigua

Dio la coincidencia que el Registro Civil también estaba en la calle Calvo y al preguntar se nos dijo que el número que buscábamos era al final de la calle, casi llegando al mar. Allá nos fuimos. La casa que supusimos que era estaba cerrada, no había nadie. Preguntamos a una vecina, enseguida nos dio la información deseada. Sí, allí vivía un señor de apellido Fernández Rubiera. Vivía solo, era soltero, su hermana Justa Julia era vecina del número 280, en la misma calle. Y hacia allí nos encaminamos.

Al llegar, nos presentamos y explicamos que estábamos haciendo una investigación y que necesitábamos saber algunos datos relacionados con su familia. La mujer nos mandó a pasar muy cortésmente pero un poco nerviosa, como asustada. Ya en la sala de la humilde casa y acomodadas las tres, saqué de mi cartera varias fotos, que fui mostrando una a una a aquella mujer.

—¿Usted conoce a este señor?

—Sí, ese era mi abuelo.

—¿Y esta señora?

—Esa era mi abuela.

—Y a estos niños, ¿usted los conoció?

—¡Cómo no! Esa era mi hermana María de Jesús, ella murió muy joven. Estos, mis hermanos Pedro Ramón y Manuel Rufino, y ¡esta soy yo!

—Esta, ¿sabe quién es?

—Pero..., ¡esa era mi mamá!

—¿Y este?

—¡Ay...!, ese era mi tío Antonio... ¿Y cómo es que usted tiene esas fotos? ¿Pasa algo...? ¿Por qué usted quiere saber?

—Es que yo soy tu prima..., la hija más chiquita de Antonio.

—¡Ay, la familia de Oriente! Muchas veces nos preguntamos qué sería de ustedes, pero no teníamos manera de comunicarnos...

Mi colega Sonnia siempre se lamentará de no haber tenido a mano una cámara fotográfica para haber retratado aquellas caras, la de Justa y la mía. A mí me alegró la reacción de aquella nerviosa mujer, parecía sincera. Me habló de su vida: era casada, jubilada, religiosa; tenía una hija de quince años, un modesto hogar y me invitó para ir a la casa de Piedad, su hermana paterna —su madre se había casado con un viudo con cuatro hijos: una hembra y tres varones—. Allí vivía también Pedro Ramón, quien estaba jubilado por enfermedad.

Piedad es una mujer de unos setenta años, al parecer muy enérgica, y recuerda muchas cosas del pasado. Y otra vez salieron a relucir nuevas verdades —para no decir nuevas mentiras— de mi papá. Mi abuela Carlota había muerto en 1915. Entonces, ¿quién fue la persona que le tiró la puerta en la cara a mi mamá en 1923, cuando Pancho la llevó a Cárdenas? ¿Fue la tía María Julia, quien tendría cuando aquello veintitrés años? ¿O fue otra componenda?

Ella recuerda los comentarios de cuando le devolvieron a mi mamá la foto que envió de mi hermano Chichí, cuando era muy pequeñito. Pero no recuerda ninguno relacionado con aquel incidente, de cuando Reyita fue a Cárdenas a conocer a los suegros. Pero lo cierto es que en 1923 hacía ocho años que Carlota había muerto, y seis que mi papá se había ido para Oriente. Pero, ¿por qué ocultó la muerte de su mamá, por qué aquel otro engaño? Después de una larga conversación, nos fuimos al hotel comentando que al día siguiente quizás podríamos aclarar algunas de aquellas interrogantes.

En la iglesia encontramos: la fe de bautismo de mi papá y de mis tíos Domingo Rufino y María Julia, así como el acta matrimonial de los abuelos. Volvimos al Registro Civil a recoger las certificaciones solicitadas. En la tarde fuimos a casa de mis familiares a despedirnos, porque al otro día regresábamos a La Habana. En la conversación hicimos algunos comentarios relacionados con el hasta entonces desconocido tío.

Piedad me decía que el hermano de mi papá había muerto cuando la epidemia de tifus azotó la ciudad en 1929, y que él tenía al morir veintiséis años. ¡Pero no podía ser! Si nació en 1898, al momento de su muerte tendría que haber tenido trentiún años. Le insistíamos en eso, y al rato llegamos a la conclusión de que Piedad hablaba de una persona y nosotras de otra. Ya en la calle Sonnia y yo comenzamos a hacer un análisis más lógico en la búsqueda de una verdad. Llegamos a la conclusión de que encontraríamos la respuesta en los archivos.

Al amanecer fuimos a la Iglesia, en busca de la fe de bautismo del otro posible tío, del que sólo sabíamos le decían Yiyo, y de quien teníamos una fecha aproximada de nacimiento. No apareció nada. Volvimos al Registro

Civil, la muchacha que allí trabaja nos miró sorprendida. «¿Hay más?», preguntó sonriente.

Buscamos, entonces, en el libro de defunciones de 1929 y allí encontramos los datos buscados. ¡Apareció mi otro tío! Rufino Rubiera Gómez, natural de Los Arabos, provincia de Matanzas, nacido en 1903 y, por supuesto, bautizado en aquella localidad, lugar donde residieron los abuelos desde que se casaron, en 1900, hasta la muerte de doña Carlota, en 1915. Eso nos hace inferir —los primos no conocieron tampoco de su existencia— que Domingo Rufino murió en aquella localidad muy pequeñito, quizás entre 1898 y 1903, fecha en que nace Rufino y por eso se repite el nombre.

Tuve la impresión de que a la prima Justa le alegró conocerme y saber de la existencia real de aquella familia, que para ellos era totalmente desconocida, pues nunca nos habían visto ni en fotografías. En el caso nuestro teníamos una ventaja: guardábamos aquellas viejas y amarillentas fotos y una dirección en la mente de Reyita, aunque nos faltó algo que nos estimulara a buscarlos. A su hija le alegró saber que tenía una familia tan grande, pues ellos solamente son cinco y lo expresó de forma muy emotiva, propia de sus quince años.

Pedro Ramón se sintió aliviado de un sentimiento de culpa que guardaba, pues tuvo la oportunidad de contactar con mi familia, a través de una de mis sobrinas que fue alumna de él —cuando trabajaba en un centro de estudios tecnológicos de nivel medio en La Habana— y no lo hizo, pues según manifestó ellos no sentían aquellos prejuicios raciales que tuvo su mamá. En el caso de Manuel Rufino, fue tan corto nuestro encuentro que no puedo valorar sus sentimientos, pero fue muy amable conmigo.

El viaje hasta La Habana nos pareció muy corto, no hacíamos más que hablar de aquello; yo hubiese querido tener un avión para volar a Santiago de Cuba y contarle todo a mi mamá. Sonnia me decía que no debía, de qué valía llevar al conocimiento de Reyita aquellos nuevos engaños de mi papá. Pero claro, yo la conozco mejor que mi colega y si mi mamá se entera que fui a Cárdenas, que conocí a los primos, que descubrí todas aquellas mentiras de mi padre, y que se lo oculté, ella no me lo perdonaría jamás. Así que le escribí una larga carta con todos los detalles.

Pero había algo más. En la década del '50, cuando por la supuesta gravedad y muerte de la tía María Julia, Pancho se pasó tres meses en Cárdenas, además de que aquello no fue cierto, también descubrí que solamente estuvo en casa de su familia medio día, el tiempo justo de almorzar con ellos y llevar a los sobrinos a dar un paseíto y comprar algunos dulces.

Sólo él supo lo que hizo el resto del tiempo.

Lo más reconfortante de todas las historias que me hicieron los primos en nuestro primer encuentro fue cómo recordaban lo que él les dijo al referirse a mi mamá: «Si no hubiese sido por esa negra no se qué hubiera sido de mí.» Por lo menos, la reconocía en ese sentido y valoraba, aunque a su manera, lo que ella significó en su vida.

No es mi deseo juzgar a mi papá, para eso tendría que profundizar en muchas cosas y esa no es ni mi intención ni creo estar preparada para ello desde el punto de vista emocional. Pero sí consideré necesario dar a conocer a los lectores y lectoras algunas facetas de la forma de actuar de mi padre, para que tengan más elementos al aproximarse a esa mujer que se llama *REYITA, sencillamente.*

Notas

1   *Provincia de Oriente*. Antes de la división político-administrativa de Cuba efectuada en 1976, comprendía los municipios: Santiago de Cuba, Bayamo, Manzanillo, Holguín, Victoria de las Tunas, Guantánamo y Baracoa. Actualmente ese territorio está dividido en las provincias: Santiago de Cuba, Granma, Holguín, Las Tunas y Guantánamo.

2   *Hechavarría*. Familia de origen vasco, proviene de un tronco llegado a Santiago de Cuba en las postrimerías del siglo XVII. Grandes propietarios dedicados a la producción azucarera y otras actividades. En los años '60 del siglo XVIII ya poseían una fábrica de azúcar en el partido de Morón (aproximadamente entre Boniato y El Cristo). Con el progreso de la economía plantacionista a principios del XIX fueron colonizadores-propietarios en la región del Valle Central (Songo-La Maya).

A mediados del siglo XVIII eran el clan familiar patricio de mayor ascendencia económica y política de la jurisdicción de Cuba. En el transcurso del XIX su riqueza menguó como clan y su poder político también, sin que ello implicara la ruina.

3   *Bueno*. Según plantea Reyita, su hermano Pepe oía hablar en el campo insurrecto a los mambises negros que habían sido esclavos, quienes decían que al terminar la guerra se iban a quitar el apellido de los amos. Por el odio que él sentía hacia los que fueron dueños de su mamá y de su abuela, al instaurarse la República y ayudado por un primo abogado, hijo de una tía abuela, cambia el de Hechavarría que llevaba Isabel por el de Bueno, el que a partir de aquel momento usarían los hijos de ella como primero o segundo apellido, según fueran hijos naturales o reconocidos. El apellido Bueno podría ser el del primo abogado, pero esta información no se ha podido verificar.

4.   *Cabinda*. Actual provincia de la República Popular de Angola, antiguamente formó parte del Reino del Congo.

5   *Quicongos*. Etnia perteneciente a la familia etnolingüística Bantos. Ocupaba el nordeste de Cabinda, entre el río Cuangoy el mar. También se les llamaba *congueses*.

6   *Ley de vientres libres.* Promulgada el 4 de julio de 1870. Constaba de ventiún artículos mediante los cuales se enmascaraba la esclavitud, la que tomaba otros matices. En su primer artículo planteaba que todos los hijos de madre esclava que nacieran después de publicada la ley serían declarados libres; sin embargo, en el artículo seis decía que los libertos por ministerio de ella quedaban bajo el patronato de los dueños de la madre, por lo que se podía apreciar que la libertad era relativa.

7   *Guerra del 95.* También conocida como la Guerra Necesaria (1895—1898), último período de la lucha contra el colonialismo español.

8   *Marcus Garvey* (1887—1940). Líder anticolonialista jamaicano. Fundó la UNIA (Asociación Universal para el Progreso del Negro), con la finalidad de unir a los negros de todo el mundo para establecer un país y un gobierno absolutamente de ellos. Garvey viajó a Cuba en 1921 y se le permitió pronunciar discursos no sólo en La Habana, sino en otras ciudades. Fue el momento de auge de la UNIA en el país.

9   Parelamente al declive de la UNIA, los jamaicanos nacidos en el país fueron reconocidos como cubanos con plenos derechos, todo lo cual contribuyó a la desaparición del movimiento.

10   *Tumba francesa.* Nombre que popularmente le dan a los bailes de origen francohaitianos, llegados a Cuba a finales del siglo XVIII. Se conservan en Santiago de Cuba y Guantánamo el *masón,* el *babul* y el *yubá.*

11   La llamada Guerra de los Diez Años, 1868—1878.

12   *Pacto del Zanjón.* Convenio firmado en 1878 entre representantes del Gobierno colonial español y el de la República de Cuba en armas para poner fin a la guerra. Contra ese acuerdo se alzó Antonio Maceo en un gesto que la historia recoge como la Protesta de Baraguá.

13   *Ceuta.* Territorio español en la costa septentrional de Marruecos, a donde enviaban a los prisioneros cubanos de las guerras llevadas a cabo en la segunda mitad del siglo XIX. Allí murieron muchos de los mejores hijos de Cuba.

14   *Tomás Estrada Palma* (1835—1908). Primer Presidente de la República de Cuba, 1902—1906.

15   «*Yunai*». Forma de pronunciar popularmente el nombre de la *United Fruit Company*, monopolio frutero norteamericano que ocupó la región de Banes y Antillas, en la parte noroeste de la antigua provincia de Oriente, de 1899 a 1960.

16   *Margarita Planas, doña Mangá*. Fue presidenta del Comité de Damas Pro Partido Independiente de Color en La Maya, cargo en el que se destacó por sus múltiples actividades. Además de las tareas propias del Partido, tuvo una marcada participación en los preparativos de las fiestas patronales de San José y San Joaquín. Mujer que ha quedado como una leyenda por su fuerte influencia en el seno de la sociedad de aquella localidad.

17   *Pedro Ivonet*. Coronel del Ejército Libertador, participante activo del movimiento de los Independientes de Color. Asesinado el 12 de julio de 1912.

18   *Evaristo Estenoz*. Dirigente de la huelga desarrollada en Cuba en 1898. Miembro del Sindicato de Albañiles. Tomó parte en el alzamiento liberal de 1906. Dirigente del Partido Independiente de Color. Se suicidó el 20 de mayo de 1912, durante la llamada *guerrita de los negros*.

19   El 7 de agosto de 1908 Evaristo Estenoz funda en La Habana la Agrupación Independiente de Color, la que sus dirigentes comenzaron a presentar como Partido, elaborando un proyecto político que fue uno de los más avanzados de su época con un programa social que estaba por encima de los problemas discriminatorios.

20   *Martín Morúa Delgado* (1856—1909). Figura destacada durante la colonia y los primeros años del siglo XX. Se vinculó al movimiento obrero. Simpatizó con la causa independentista, de la que se separó en 1886 al abrazar la corriente autonomista. Polemizó con Juan Gualberto Gómez y otros, acerca de la vía más atinada para que los negros pudieran disfrutar de sus derechos. Fue senador de la República por el Partido Liberal.

21   *José Miguel Gómez* (1858—1921). General del Ejército Libertador. Presidente de la República durante el período de 1909—1913.

22   *José de Jesús Monteagudo*. Jefe de la Guardia Rural durante el gobierno de José Miguel Gómez.

23   *José de la Cruz Puente*. No se ha encontrado información sobre él.

24   *Mario García Menocal* (1866—1941). General del Ejército Libertador. Presidente de la República durante los períodos de 1912—1917 y 1917—1921.

25   *Fulgencio Batista Zaldívar* (1901—1973). Se dio a conocer en 1933 al encabezar una revuelta de sargentos y soldados del ejército. Electo Presidente de la República para el período de 1940—1944. El 10 de marzo de 1952 dirigió un golpe militar y se erigió como dictador hasta 1958, en que fue derrocado por el Ejército Rebelde. Huyó al extranjero, donde murió.

26   *Virgen de la Caridad del Cobre*. Patrona de Cuba; según la leyenda se les apareció en la Bahía de Nipe en el siglo XVII a tres pescadores durante una tormenta de la que los salvó. Su santuario se encuentra en el poblado de El Cobre, provincia Santiago de Cuba. Es uno de los símbolos de la identidad nacional.

27   *Olga Guillot* (Santiago de Cuba, 1925). Bolerista de gran popularidad en Cuba en la década del '50. Reside en los Estados Unidos de América después del triunfo de la Revolución.

28   *Celina y Reutilio*. Dúo de música campesina que alcanza su popularidad a finales de los años cuarenta y continúan actuando hasta 1964. Celina González (1921), después del fallecimiento de Reutilio en 1971, continuó su carrera que le ha dado la fama, dentro y fuera del país, como *la Reina del Punto Cubano*. En 1996, por sus 50 años de vida artística, recibió la Medalla Picasso que otorga la UNESCO.

29   *Ignacio Bombú* (1914—1973). Guitarrista y compositor guantanamero, radicado en Santiago de Cuba desde 1920 hasta su muerte.

30   *Benny Moré* (Santa Isabel de las Lajas, 1919 — La Habana, 1963). Cantante y compositor, su verdadero nombre era Bartolomé. Idolo del pueblo cubano, internacionalmente conocido como *El Bárbaro del Ritmo* por su forma de hacer música.

31   *Agustín Lara* (1900—1970). Compositor y cantante mexicano. Su canción *María Bonita* es universalmente conocida.

32   *Partido Socialista Popular*. Fue la nueva denominación del Partido Comunista después de disolverse la Unión Revolucionaria Comunista. Fue ilegalizado en los años '50. Se fusionó con otras fuerzas políticas al triunfo de la Revolución: primero en las Organizaciones Revolucionarias Integradas (ORI) y posteriormente en el Partido

Unido de la Revolución Socialista (PURS), que nutrieron el actual Partido Comunista de Cuba (partido marxista—leninista fundado en 1965. Unico partido existente en Cuba).

33   **Cesar Vilar.** Dirigente comunista desde la década del '30. Activo en el movimiento obrero.

34   **Noticias de Hoy.** Organo oficial del Partido Socialista Popular.

35   **San Lázaro.** Imagen del Lázaro leproso acompañado por perros y apoyado en muletas, a quien se le rinde culto en la religiosidad más extendida del pueblo cubano. En la Regla Ocha (santería) recibe el nombre de *Babalú Ayé.*

36   **Espiritismo cruza'o:** expresión religiosa que se practica en nuestro país; tiene como fundamento las concepciones religiosas traídas a Cuba por los esclavos africanos, sincretizados con elementos del catolicismo y del espiritismo científico de Allan Kardec. Su núcleo central es la creencia en la incidencia o no —de los espíritus de los antepasados— en el desarrollo de la vida terrenal de los seres humanos, si no se cumplen las ceremonias necesarias para garantizar el descanso del finado en el más allá. Es una de las formas en que se le rinde culto a los muertos, expresión del nexo indisoluble entre el mundo invisible y el visible, donde el papel determinante lo ocupa el primero, considerado como el sagrado por sus adeptos.

37   **Espiritismo de cordón:** conocido con ese nombre por la forma de su ritual. Tiene muchos elementos simplificados de la doctrina kardeciana, también del catolicismo y de los llamados cultos sincréticos. Los cordoneros realizan curaciones utilizando elementos materiales, especialmente el agua, en sesiones que llaman «santiguación», que es donde realmente se encuentra la causa del «prestigio» del médium y lo que propicia su difusión. Se practica fundamentalmente en las provincias de Granma, Camagüey, parte de Villa Clara y Ciudad de La Habana.

38   **Allan Kardec** (1804—1869). Sintetizador de la teoría del espiritismo científico. Escribió el *Libro de los espíritus* en 1857 y el *Libro de los mediums* en 1864, entre otros.

39   **Ultimo rezo:** ceremonia con que culmina el novenario espiritista, en la que se procede a realizar el «levantamiento del espíritu» del fallecido a favor del cual se realiza ese acto cultual.

40   *Movimiento 26 de Julio.* Agrupación política surgida tras el ataque al Cuartel Moncada el 26 de julio de 1953, de profunda raíz popular y martiana. Dirigió la insurrección que derrocó al dictador Fulgencio Batista el primero de enero de 1959 en unión de otras organizaciones. Desarrolló sus acciones fundamentalmente en las montañas de Oriente y de Las Villas, así como en las ciudades con un fuerte movimiento clandestino.

41   *Sierra Maestra.* Macizo montañoso ubicado en la parte más oriental del país, donde se organizó, en 1956, el primer grupo guerrillero lidereado por Fidel Castro.

42   *Campaña de Alfabetización.* Llevada a cabo en 1961, erradicó el analfabetismo en Cuba.

43   *Crisis de Octubre.* También conocida como Crisis de los Misiles, en 1962. El mundo estuvo al borde de una conflagración nuclear. Se destaca la firmeza del pueblo cubano por defender las conquistas revolucionarias.

44   *Comité de Defensa de la Revolución.* Organización barrial, creada calle a calle, cuadra a cuadra en 1960.

45   Texto de una canción de Eusebio Delfín (Palmira, Matanzas 1893—La Habana, 1965). Compositor, guitarrista y cantante.

46   *Flora.* Huracán desastroso que azotó las antiguas provincias de Camagüey y Oriente entre el 4 y el 8 de octubre de 1963.

47   *Milicias Nacionales Revolucionarias.* Organización fundada en 1959 para la preparación militar del pueblo de Cuba.

48   *30 de noviembre de 1956.* Fecha en que se produjo el levantamiento armado en la provincia de Oriente (en las ciudades de Santiago de Cuba y Guantánamo), organizado por el Movimiento 26 de Julio. Su objetivo era apoyar el desembarco del yate Granma, donde Fidel Castro y sus compañeros arribarían a Cuba para iniciar la lucha armada contra la dictadura de Batista.

49   *Mulatas de Fuego.* Grupo de mulatas muy hermosas, que en la década del '50 llevaron el espectáculo de baile y canto del cabaret a las calles en las carrozas del carnaval.

50   *Adalberto Alvarez* (La Habana, 1948). Compositor, instrumentista y pianista. Dirigió el grupo *Son 14* y actualmente tiene el suyo propio, que goza de gran éxito.

51   *Miguel Matamoros* (Santiago de Cuba,1894—1970). Compositor, fundador del internacionalmente conocido trío que llevó su nombre. Difundió el son cubano por todo el mundo. La más conocida de sus composiciones es el *Son de la loma*.

52   *Carlos Gardel* (1890—1935). Cantante de tangos y otros géneros musicales suramericanos. Su fama comenzó en Argentina y alcanzó otros muchos países. También fue actor cinematográfico.

53   *Federación de Mujeres Cubanas*. Organización femenina fundada en 1961.

54   Véase nota 47.

55   *La Coubre*. Buque francés surto en el puerto de La Habana con un cargamento de pertrechos bélicos para Cuba. Fue saboteado y explotó el 4 de marzo de 1960.

56   *Germán Pinelli* (1910—1995). El locutor más famoso y versátil de la radio y de la televisión cubanas, además de actor de cine y de televisión.

57   *Cementerio de Santa Ifigenia*. Cementerio de Santiago de Cuba. Es Monumento Nacional.

58   *María Valero* (1910—1948). Actriz española radicada en Cuba. Protagonista de las radionovelas de más éxito en los años '40, en especial *El derecho de nacer*, que no pudo concluir por su trágico fallecimiento en un accidente.

    Ernesto Galindo. Actor muy popular por ser el protagonista de numerosas radionovelas y además de las series de aventuras *Los tres Villalobos* y *Leonardo Moncada*.

59   *Libertad Lamarque* (Argentina, 1908). Actriz y cantante conocida como *La novia de América*. Goza de gran popularidad en Cuba.

60   *Partido Comunista de Cuba*. Véase nota 32.

61   *Juan de Dios Peza* (México,1852—1910). Poeta romántico.

62   *José Jacinto Milanés* (Matanzas,1814—1863). Poeta. Su obra también abarca otros géneros, tales como teatro, crítica literaria, costumbrismo. El poema de referencia se titula *La fuga de la tórtola*.

63   *Gertrudis Gómez de Avellaneda* (Camagüey 1814—1873).Una de las figuras más completas de las letras cubanas. Escribió poesía lírica y dramática; su prosa abarca novelas y cuentos, leyendas, impresiones de viajes, artículos periodísticos, su autobiografia y numerosas cartas. La estrofa citada es la última del poema *A él*.

64   *Luisa Pérez de Zambrana* (Melgarejo, 1835—1922). Figura destacada de las letras cubanas. Escribió poesía, publicó una novela y dejó inédita otra. Su capacidad de creación lírica y la adecuada expresión de su dolor íntimo se reflejan en sus cantos elegíacos.

65   *Amado Nervo* (México,1870—1919). Poeta y prosista. Escribió dos novelas y varios tomos de versos.

66   *Julio Antonio Mella* (1903—1929). Destacado revolucionario y antimperialista cubano. Fundador del primer Partido Comunista de Cuba, la Federación Estudiantil Universitaria, la Liga Antimperialista y la Universidad Popular «José Martí». Símbolo de la estrecha alianza entre estudiantes, intelectuales y obreros, fue asesinado en México por orden del tirano Gerardo Machado.

67   El título es *Canción para dormir a un negrito*. Fue publicada en el *Cuaderno de poesía negra* (1938) del poeta Emilio Ballagas (Camagüey, 1910—1954), durante el período en que este autor se desenvolvió dentro de la línea de la poesía negra o negrista.

Isabel, madre de Reyita

José, "Pepe", hermano mayor de Reyita quien cambió el apellido de los amos que llevaba su madre por el de Bueno. A su lado, su esposa Visitación Sánchez

Antonio Amador Rubiera, "Pancho" marido de Reyita

De la época de Barracones, una...

...y otra de las comadres de Reyita

Anselmo, "Monín" Rubiera

Isabel y José María, "Cuto", madre y hermano de Reyita

Moña con su vestido de raso

Antonia, "Tata", tercera hija de Reyita

Reyita en la boda de su hija Daisy. A la derecha, Pura y su esposo
Ramón Moreno

Reyita con sus hijos e hijas

Reyita con algunos de sus nietos y nietas

Anselmo, hijo de Monín, y Amanda: nieto y bisnieta de Reyita

Reyita con algunos de sus descendientes de segundo y tercer grados

Réyima y Ana María, bisnietas de Reyita

Dailys, bisnieta de Reyita

Carlitín, el bisnieto de Reyita que siempre la define como "la abuela más linda del mundo"

Isol y William Enrique, bisnieta y tataranieto de Reyita

Reyita junto a su hermana Gloria

Reyita con sus hijos Chichí y Nené

Reyita junto a su bisnieto Aníbal Antonio, miembro número 118 de su familia, y su bisnieta Reina Isabel

ARCHIDIOCESIS DE SANTIAGO DE CUBA

C E R T I F I C A C I O N   B A U T I S M A L

Yo, Presbítero ___Felipe Neri Velilla Manchine S.J.___

Cura Encargado del Archivo de la Parroquia de ___La Purísima Concepción___

Ciudad ___Ti-Arriba.-Stgo. de Cuba___ Provincia ___Santiago de Cuba.-___

ARCHIDIOCESIS DE SANTIAGO DE CUBA

Certifico:
Que según consta en el libro ___14___ folio ___515___ número ___1186___
se encuentra asentada la siguiente partida:

El día __4__ de ___mayo___ de mil ___novecientos siete - - - -___

el Presbítero ___Rogelio Monet Rodriguez - - - - - - - - - - -___

Bautizó a un_a_ niñ_a_ que nació en ___- - - - - - - - - - - -___

el día __6__ de ___Enero___ de mil ___novecientos uno - - - -___

y le puso por nombre: ___María de los Reyes___

es hij_a_ de ___Carlos Castillo y Duarte___

y de ___Isabel Hechavarria- - - -___

naturales de ___- - - - - - - - - - - - -___

Abuelos Paternos ___Antonio y Emilia- - - - -___

naturales de ___Cuba - - - - - - - - - -___

Abuelos Maternos ___Aristonica - - - - - - -___

naturales de ___Cuba - - - - - - - - -___

Padrinos ___Jorge y Casilda Hechavarría___

NOTAS MARGINALES

N I N G U N A

En fe de lo cual y para entregar a parte interesada, expido la presente
PARTIDA BAUTISMAL, conforme a la legislación en vigor, que firmo y sello
con el de esta Parroquia, en la ciudad de: ___Santiago de Cuba___
Provincia de ___Santiago de Cuba___
a ___diecinueve___ de ___Enero___ de ___1996___

Pbro. Encargado de Archivo

Certificado de bautismo de Reyita

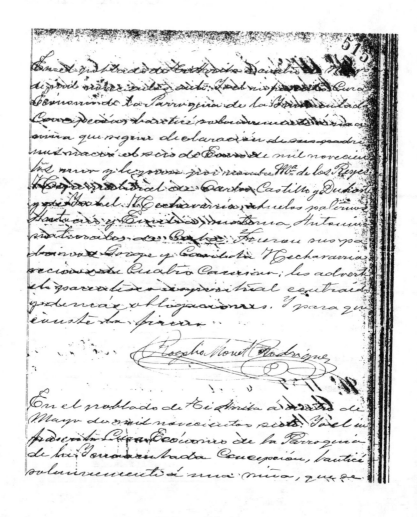

Copia fotostática de la fe de bautismo (aparece como nacida en 1901)

REPUBLICA DE CUBA
REGISTRO DEL ESTADO CIVIL
CERTIFICACION DE NACIMIENTO

Registro del Estado Civil   Alto Songo

Tomo   15   Municipio: Songo-La Maya

Folio   527   Provincia: Santiago de Cuba

DATOS DE LA INSCRIPCION

Nombre (s) y apellidos: María de los Reyes Castillo Bueno.-

Lugar de nac.:   Alto Songo   Fecha de nac.:   6-11-1904   Sexo: F

Padre: Calás Castillo Duharte.-

Natural de: Santiago de Cuba.-   Asiento: 16-12-1904

Madre: Isabel Bueno.-

Natural de: Tí Arriba.-

Abuelos paternos: Antonino.-   y   Emilia.-

Abuelos maternos: Antonina.-   y   -   -   -

Inscripción practicada en virtud de: Declaración de los Padres.-

*Certificado de la inscripción de nacimiento de Reyita. Los datos no
concuerdan con lo expresado por ella —diferentes día, mes y año—
debido, es probable, a que fue inscrita tardíamente*

205

REPÚBLICA DE CUBA
REGISTRO DEL ESTADO CIVIL
CERTIFICACION DE NACIMIENTO

Registro del Estado Civil   Cárdenas

Tomo 19   Municipio: Cárdenas
Folio 365 **vto**   Provincia: Matanzas

DATOS DE LA INSCRIPCION

Nombre (s) y apellidos: Antonio **Amador** .. Lara Gómez
Lugar de nac.: Cárdenas .... Fecha de nac.: 30-4-1896   Sexo: Masculino
Padre: Rufino Rubiera Fernández
Natural de: Gijón, Oviedo .... Asiento: 2-6-1896
Madre: Carlota Gómez Pérez
Natural de: Cárdenas
Abuelos paternos: .... Marcos .... y ...... Norberta
Abuelos maternos: ...... Manuel .... y ...... Agustina
Inscripción practicada en virtud de: Declaración de los padres

Certificado de la inscripción de nacimiento de Rubiera

206

Don Tribilín

Macuní suncí macuní sunzá

Transcripción de Iya Mézenova Sa a partir de una grabación de Reyita.

Mapa de la antigua provincia de Oriente

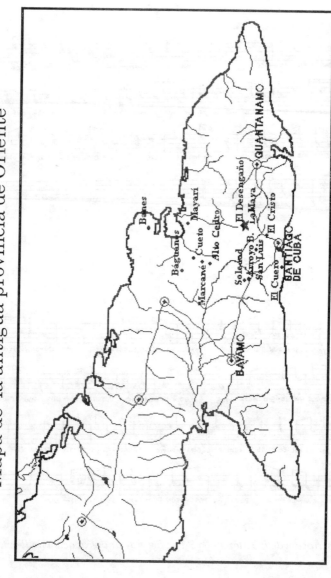

★ Lugar de Nacimiento

Diagrama Genealógico

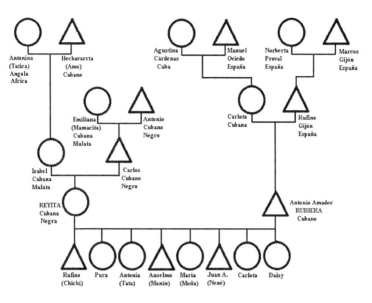

Antonina (Tatica) Angola Africa — Hechavarria (Amo) Cubano

Agustina Cárdenas Cuba — Manuel Oviedo España

Norberta Proval España — Marcos Gijón España

Emiliana (Mamacita) Cubana Mulata — Antonio Cubano Negro

Carlota Cubana — Rufino Gijón España

Isabel Cubana Mulata — Carlos Cubano Negro

REYITA Cubana Negra — Antonio Amador RUBIERA Cubano

Rufino (Chichi)   Pura   Antonia (Tata)   Anselmo (Monin)   Maria (Moña)   Juan A. (Nené)   Carlota   Daisy

Descendencia de REYITA y RUBIERA

Hijos		Nietos		Bisnietos		Tataranietos		Total		Total General
F	M	F	M	F	M	F	M	F	M	
5	3	18	21	30	34	2	5	55	63	118

Fallecidos: Rubiera, un hijo, dos nietos y un biznieto

Diagrama Genealógico

Bibliografía

Espasa-Calpe: *Diccionario Enciclopédico*. 13 t. Espasa-Calpe S. A., Madrid, 1989.

Le Riverend, Julio: *La república*. Editorial de Ciencias Sociales, La Habana, 1973.

Lewis, Rupert: *Marcus Garvey. Anticolonial champion.* Africa World Press, INC., Trenton, New Jersey, 1988.

Linares, María Teresa: *La música popular*. Instituto del Libro, La Habana, 1970.

Martínez Estrada, Ezequiel: *Panorama de las literaturas*. Editora Pedagógica, La Habana, 1966.

Moliner, María: *Diccionario de uso del español*. 2 t. Editorial Gredos, Madrid, 1987.

Orovio, Helio: *Diccionario de la música cubana. Biográfico y técnico*. Editorial Letras Cubanas. La Habana, 1981.

Ortiz, Fernando: *Nuevo catauro de cubanismos*. Editorial de Ciencias Sociales, La Habana, 1975.

Pichardo, Esteban: *Diccionario provincial casi razonado de vozes y frases cubanas*. 5ta ed. Editorial de Ciencias Sociales, La Habana, 1985.

Pichardo, Hortensia: *Documentos para la Historia de Cuba (época colonial)*. Editorial del Consejo Nacional de Universidades, La Habana, 1965.

Portuondo, José Antonio: *Bosquejo de las letras cubanas*. Editora del Ministerio de Educación, La Habana, 1962.

Redinha, José: *Etnias e culturas de Angola*. Edición del Instituto de Investigaciones Científicas de Angola, Angola, 1975.

Roig Mesa, Juan Tomás: *Diccionario botánico de nombres vulgares cubanos*. 2 t. Editorial Científico-Técnica, La Habana, 1988.

Santiesteban, Argelio: *El habla popular cubana de hoy*. Editorial de Ciencias Sociales, La Habana,1985.

Fuentes documentales

Archivo de la ciudad y del Arzobispado de Santiago de Cuba.

Archivo de la ciudad y de la Parroquia de Cárdenas.

Entrevistas realizadas

Licenciado Aníbal Argüelles Mederos. Investigador del Departamento de Estudios Sociorreligiosos del Centro de Investigaciones Psicológicas y Sociológicas del Ministerio de las Ciencias, la Tecnología y el Medio Ambiente.

Licenciado Juan Antonio Columbié Rodríguez. Historiador del municipio Songo-La Maya, provincia Santiago de Cuba.

Licenciado Enrique López Mesa. Historiador y redactor de la revista *Santiago* de la Universidad de Oriente.

Juan Mata Vinent. Vecino del poblado del entronque de «El Desengaño», municipio Songo-La Maya, provincia Santiago de Cuba. Testigo de los sucesos de la llamada *guerrita de los negros,* de mayo de 1912.

Doctora Olga Portuondo Zúñiga. Historiadora de la ciudad de Santiago de Cuba y profesora de la Universidad de Oriente.

Indice